対馬藩士の
明治維新

桟原　冨士男　著

櫂歌書房

元禄対馬絵図

対馬藩では、1700(元禄13)年に対馬絵図を作製

目　　次

はじめに ………………………………………………………………… 5

第１部　日本の衛星国・対馬 …………………… 6 〜 67

1. 対馬は天皇 (朝廷) や武家 (幕府) の統治 …………… 6 〜 8

平氏政権…7　　鎌倉幕府…7　　南北朝時代… 7

室町幕府…7　　戦国（信長・秀吉）時代 …… 8

江戸時代…8

2. 対馬と交流の国々 ………………………………… 8 〜 15

任那… 9　　　百済…9　　　呉… 9

新羅… 9　　　隋 … 10　　　唐…10

渤海…11　　　高麗…11　　　蒙古・元…13

朝鮮…13

[秀吉の朝鮮外交]…14　　　[家康の朝鮮外交]…15

3. 戦争 ……………………………………………… 16 〜 20

(三韓征伐) …………16　　(白村江の戦) ……16

(対馬佐須浦の戦)…17　　(文永の役) ………17

(弘安の役) …………17　　(対馬糠嶽の役)…18

(文禄の役) …………19　　(慶長の役) ………19

4. 侵寇 ……………………………………………… 20 〜 21

5. 国防 ……………………………………………… 21 〜 23

6. 対馬の思想 ……………………………………… 23 〜 43

(1) 対馬の神道 …………………………………… 24 〜 29

日本書紀……24　　古事記…………24　　国土生………24

亀卜の法……24　　牛骨・亀甲卜…25　　古事記卜…25

亀卜の捕獲…26　　神々の島……26　　山の神………27

ホタケの神…27　　ホタケ (阿竹公の逸話)……………27

都々智神社…28　　和多都美神社…28　　木坂八幡宮…29

1

(2) 対馬の仏教 ……………………………………………… 29 〜 36
　　仏教の普及…29　　　　呉音 (対馬讀) … 30
　　維摩会………30　　　　維摩経……………31
　　対馬の宗派…31 〜 35
　　　天台宗…31　禅宗……32　曹洞宗…33　臨済宗…34
　　　梅林時…35　国分寺…36　萬松院…36
(3) 対馬の儒教 ……………………………………………… 37 〜 43
　　書経尭典…37
　　孔子…39　孟子…39　聖徳太子…39
　　対馬の儒学者…41 〜 42
　　　雨森芳州……41　　　　陶山鈍翁…42
　　《朱子・朱子学》…43　《王陽明・陽明学》…43

7. 列強の侵出 ……………………………………………… 44 〜 59
　(キリスト教の保護)…44　(キリスト教追放令)…45
　(幕府の貿易統制)……46　(鎖国船)………………46
　[教育機関]「藩学」、「郷学」、「私塾」、「寺子屋」…46 〜 47
　[庶民文化]「食生活」、「住居」……………………… 47
　(1) ロシア船の動き……48　　(2) イギリス船の動き…51
　(3) アメリカ船の動き…54　　(4) フランス船の動き…56
　(5) オランダ船の動き…57

8. 対馬と異船 ……………………………………………… 59 〜 67
　(異船来泊の場合の処置法)…60　(露船来泊)…63

第 2 部　維新の足音……………………………………… 68 〜 152
　(1) 対州藩と長州藩の絆…………68　(2) 天皇の祈祷…68
　(3) 通商条約・朝廷と幕府の対応…68　(4) 安政の大獄…71
　(5) 桜田門外の変………………72　(6) 公武合体……73

1. 尊皇・攘夷の進め ……………………………………… 74 〜 81
　(1) 対州藩の勤王の初 …………………………………… 74

(2) 朝廷、対州藩へ「勅書」と「御沙汰書」…75

(3) 攘夷祈願…77

(4) 京都に於ける対州藩の活動…77

(5) 攘夷実行…78

　　(奇兵隊の結成) ……… 78　　(薩英戦争)……79

　　(対馬人の尊皇行動) … 80　　(天誅組の変)…80

　　(8 月 18 日の政変)……80

2. 対州藩・長州藩の動き ………………………………… 81 〜 85

　(1) 対州藩、長州藩の為に動く…82

　(2) 対州藩士長州に投す…82

　(3) 対州藩へ三条公及び長州侯の使者来る…82

　(4) 日新館を開く…82　(5) 三条公の守衛…83

　(6) 諸藩志士・長州藩の雪免に力…83

　(7) 日新館派、勝井・大江を忌む…84

　(8) 長州使者再び来る…84

　(9) 日新館壮士、宸翰返上を進言す…85

3. 禁門の変 ……………………………………………… 86 〜 90

　(1) 三条公の守衛対州藩士等、京都で戦う (禁門の変)…86

　(2) 池田屋事件…87　　　　(大島友之允)…88

　(3) 長州藩朝敵となる (第一次長州征討)…89

4. 対州藩の元治甲子の変 ……………………………… 90 〜 103

　(1) 日新館と五八郎・大江の対立…91

　(2) 高杉晋作と長州藩 (勤王復帰)…93

　(3) 平田大江の決断…95　　　(使者来藩の記録)…96

　(4) 大江父子の死と脱藩者…97

　(5) 薩長軍事同盟 (互恵経済同盟)…98

　(6) 対州脱藩志士による薩長 (討幕) 連合の進め…99

　(7) 第二次長州征討…100

　(8) 高杉晋作の最後の清算…101　　(野村望東尼)…102

5. ◇ (1) 大政奉還…103　　(船中八策)…104

3

(2) 内乱鎮圧と国内統一…105

　(鳥羽・伏見開戦 (戊辰戦争はじまる))…106

　(江戸開城)…107　　(上野戦争 (戊辰戦争))…108

　(東北 (奥羽越列藩同盟・会津・長岡) 戦争 (戊辰戦争))…109

　(箱館戦争 (戊辰戦争))…109

6. ◇ (1) 対州藩 (勤王志士の粛清)…111

　(2) 対州藩 (勤王志士) 靖国神社に合祀…112

　(3) 対州藩士、靖国神社に合祀を否定された人…115

7. ◇勝井五八郎…117　　平田大江…119

8. 対州藩士と幕末の志士及び幕末・維新期の政治家…123 ～ 140

　(1) 木戸孝允…123　(2) 三条実美…126　(3) 久坂玄瑞…128

　(4) 真木保臣…129　(5) 北畠治房…130　(6) 野村靖……131

　(7) 尾崎惣左衛門…132　　(8) 大久保利通…131

　(9) 西郷隆盛…134　(10) 桐野利秋…136　(11) 黒田清隆…137

　(12) 品川弥二郎…138　　(13) 寺島忠三郎…139

　(14) 入江九一…140

9. 薩長連合・対州藩士の役割…………………………141 ～ 144

　(1) 多田荘蔵…141　　(2) 佐野金十郎…142

　(3) 小宮延太郎…143

10. 薩摩藩 (公武合体派) と長州藩 (尊王攘夷急進派) の対立…144 ～ 148

　(薩・長の「攘夷」の終焉)…………… 145 ～ 148

　　(薩英戦争)…145　　(攘夷・下関戦争)…147

　対州脱藩士と薩長連合の検証 ………… 148 ～ 152

　◎維新の夜明け ……………………………………… 153 ～ 156

　五箇条の御誓文…153　　版籍奉還………154

　廃藩置県…………155　　廃藩置県地図…157

あとがき ……………………………………………………… 158

はじめに

　「対州藩士の明治維新」勤王の故を以って靖国神社に合祀された対州藩士 90 人の追憶にあたり、対馬の国柄を知って貰うことから始まる。

　対馬は大陸と九州の間に位置する海の交通の要所である。

　日本最古の歴史書、古事記に国土創造の際、伊邪那志・伊邪那美の二神の御生みになった大八島国の一つに「津島、亦の名は天之狭手依比売」との記載がされている。

　この島（対馬）は、3 世紀後半の書、魏志倭人傳（三国志・魏書巻 30 東夷傳・倭人）によると〈北岸狗邪韓国より、初めて一海を渡る千余里、対馬国に至る。其の大官を卑狗と日い、副を卑奴母離と日う。居る所絶島、方四百里可り、土地は山険しく、深林多く、道路禽鹿の径の如し、千余戸有り、良田無く、海物を食して自活し、船に乗りて南北に市糴す。〉（糴…穀物を買い入れる）

　対馬の総面積 70,924 ヘクタール、そのうち農地面積は 3,027 ヘクタール、実に総面積の 4.2％にすぎない、島は殆ど、険しい山林に覆われ、農地は谷合の狭い平地と山裾の斜面を切り開いて、作られた耕地である。水田は農地面積の約 5 分の 1 の 671 ヘクタールである。まさに魏志倭人傳の通りである。

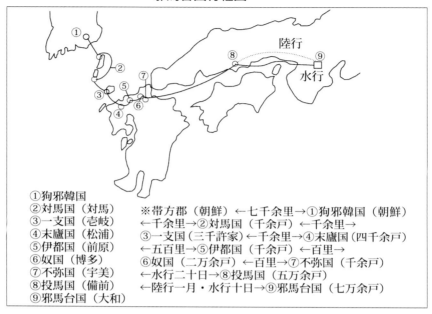

第1部　日本の衛星国・対馬

　対馬は、太古の昔から日本政府に従属し、防人の島として、国を守る関係にあった。
　そこで、統治、交流、戦争、侵寇、国防、思想（神道、仏教、儒教）と列強（イギリス、アメリカ、フランス、オランダ、ロシア）の侵出に分け、外国、日本、本島（対馬）の関りについて、比較することで、そこから見えて来るものが、対馬の指針になると思われる。

1. 対馬は天皇（朝廷）や武家（幕府）の統治

　対馬は、神代の時代から現在に至るまで、外国の統治を受けた

ことはなく、対馬は常に朝廷（中央政府）の支配下にあった。対馬の官司は、大宰府（小朝廷）の管下にあり、島の行政は、国造、国司、国守、縣直、島司、島主等を朝廷が任命し、朝廷の官職を世襲する体制が確立していた。

　大化の改新後、中央集権体制が整備され、律令国家へ進み、朝廷の旧体制が改められた。その後武家社会が成立し、平氏政権、鎌倉幕府、南北朝時代、室町幕府、戦国（信長・秀吉）時代、江戸幕府と700年間続いた封建制度が明治維新で滅亡する。

　封建時代の統治について簡単に説明すると、大宰府の役割は南北朝まで、統治の記録がある。

　《平氏政権》武士的要素と貴族的要素がまじる。初めて武士政権が誕生した。

　《鎌倉幕府》対馬から元軍の急報をうけた大宰府では、九州の御家人たちを召集し、少弐経質を大将として、これをむかえ討った。

　《南北朝時代》建武中興・天皇親政の実現、天皇復古政治の推進。

　《室町幕府》九州探題（鎮西探題）をつくり、これを世襲として渋川氏等を任命した。

　明の太祖洪武帝は、建国の翌年、大宰府にいた南朝側の征西懐良親王に倭寇の禁圧を求めたが「朝貢」を要求する態度に怒った親王は、これを拒絶した。しかし、南北朝動乱の終了をむかえ、将軍義満の権力が確立すると、幕府財政の確立のため明との国交開始を決意した。義満は九州探題に倭寇取締り命ずる。明はこれに対し、日本を属国とみなして国書でこたえ、「朝貢」船の形式で貿易することを要求した。義満は、これにおうじ〈日本国王臣源〉と名のり明の年号を用い侮辱的な態度をつくった。室町幕府が経済の為に他国の支配に屈したことが記されている。（大宰府の役割の消滅）

《戦国（信長・秀吉）時代》戦国大名は、みずからの支配地を分国とよび、完全な独立国家とした。天下統一を達成した秀吉は、中央集権をめざして、まず、大名の力を削ぐ為に、大名の領地の移動を断行した。

秀吉には、譜代の家臣は無く、かっての同僚や先輩の諸大名を家臣に組み入れた事情や、政権を取っていた期間が短かった為、強固な幕府を築くということは、困難であり、秀吉みずから関白、太政大臣の地位におき、諸大名を集めて関白に対する忠誠を誓わせるという手段をとった。

《江戸幕府》幕藩体制を作り、石高によって統治し、石高を次のように配分した。

　朝廷（禁裏御料3万石・皇族公家領7万石）
　寺社（寺社領40万石）
　直参（旗本・御家人、知行地300万石）…家臣
　幕府（天領400万石）
　大名（親藩、譜代、外様、大名領2,250万石）…藩士

2. 対馬と交流の国々

対馬は、古くから海上交通の要所で、文物交流の交差点である。それは、国家間の争いごとや、平和を求める話し合いや、交易の場として、一島の行政を越えた国家的な役割を果してきた。それらの国は、任那、百済、呉、新羅、隋、唐、渤海、高麗、蒙古、朝鮮、明等であり、具体的な交流の内容を説明する。

第1部　日本の衛星国・対馬

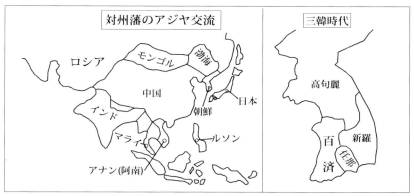

※〔中国〕漢・(魏・呉)・隋・唐・元(蒙古)・明・清
　〔朝鮮の統一政府〕高句麗・新羅・高麗・朝鮮

《任那》前32年秋7月、任那国が蘇那葛叱知を遣して、朝貢して来ました。本朝に入貢し5年後に帰る。この任那は、筑紫国を去ること二千余里の北方に在る、海を隔てた国で新羅の西南に在る国である。530年近江毛野、任那より帰途、本島（対馬）に於いて病死する。

《百済》283年、百済縫工女・眞毛津を貢す。これは今の来米（くめ）の衣縫の先祖であります。亦284年、百済王は阿直岐を遣して良い馬二匹献上された。285年には百済の儒者王仁、召に応じて来朝し、論語及び千文字を献上する。

652年、百済の尼僧法明、本島（対馬）に来る。初めて呉音を以って維摩経を誦す。是本朝呉音の初なるが、本島（対馬）に以て呉音の一名を対馬讀と云う。

《呉》306年春2月、阿知使王・都加使王を呉に遣して、縫工女を求められました。呉王は縫工女の兄媛（えひめ）・弟媛（おとひめ）・呉織（くれはとり）・穴織（あなはとり）の4人の婦人を阿知使王等に興へました。四年後に帰朝する。

《新羅》453年、允恭天皇・崩御、新羅王使を遣わし、予禮を修す。

9

使者本島（対馬）に来て大いに哭し、筑紫の国至り又哭し、難波に至り素服して上京せり。10月に帰国す。

736年、大使、阿信継麻呂等、新羅に至る途、竹敷裏（対馬）に泊まって、順風を待つ、翌年新羅より帰る途、大使対馬に於て病死する。

769年、新羅使級食金初生等、187人、道送者39人本島（対馬）に到着す。

840年9月、島司（対馬）の願い依り、新羅船6隻の中一隻を給し、年中の貢調並に四度の公文搭載の用に充て、風波を凌ぎ航行に耐えるなり。

874年8月、勅あり、先に大宰府より上言せし、対馬漂流したる駕船1隻に乗りたる新羅人金5等15人は大宰府及び島司（対馬）をして来由を問わしめ放還せよと。

《隋》607年朝廷より、小野妹子初めて隋に遣される。小野妹子の帰国にさいして、煬帝は裴世清を答礼使として、我が国に派遣した。さらに小野妹子を第2回遣隋使として帰国する裴世清を送らせると共に、高向玄理・僧旻・南淵請安など8人の留学生、学問僧を同行させた。610年9月に小野妹子帰朝する。614年の犬上御田鍬が最終の遣隋使となる。

その後、留学生は隋・唐の時代にかけて20年〜30年の長い留学生活を送り、隋や唐の進んだ政治、文化を学び帰国し、のちの大化の改新の原動力となった。

「北路（船の道）」博多から壱岐・対馬をへて朝鮮半島の西岸沿いに北上、渤海湾を横断し、山東半島へ渡り、陸路長安へ。

《唐》遣唐使、その一行は、100人から250人、多いときには600人ぐらいで構成され、4隻の船に分乗して唐に向かった。894年に菅原道真の建議によって10数回にわたって派遣した遣

唐使が中止された。

　632年犬上御田鍬等、唐より帰国、小野妹子の時に同行した僧旻も帰朝する。翌年（633年）正月、唐使・高表仁等、帰国に当り、送使・吉士雄麻呂、黒麿本島（対馬）まで来たりて帰京する。

　664年、唐の百済鎮将等30人、百済軍100余人、本島（対馬）に来る。牒書一函に献物は、9月筑紫大宰は勅旨を奉じ京に上り献物を進む。翌10月朝廷より宴を賜り12月に至り退京して百済に帰る。

　752年、藤原清河等、唐へ出発、754年、鑑真等を伴い唐より帰国する。

　759年、遣唐大使、藤原清河を迎える判官・内蔵忌寸金である。渤海国より廻航の途中、台風に遭い本島（対馬）に漂着する。

　804年、遣唐大使、藤原葛野摩呂は空海を伴い入唐する。翌年（805年）藤原葛野麻呂は最澄を伴い阿連村（対馬）に帰着する。

　「南路（海の道）」九州西部の五島付近（値嘉島）から東シナ海を横断して揚子江の南方付近に向け出帆、陸路で長安へ。［危険性の高い航路］

　《渤海》渤海は7世紀の末ごろ中国東北部（満州）の東南方面におこった末鞨族（いまのツングーズ族）の国で713年、国号をたてて渤海と称するようになった。渤海は唐・新羅の勢力と対抗する必要から日本と結んで国力を維持しようと727年に高仁義らを使節として国交を求めてきた。それから緊密な交易が始まる。777年渤海使、本島（対馬）竹室裏に向い、暴風に遭い、越前国に漂着する。

　《高麗》1049年、9月、本島（対馬）より使を遣し高麗の漂民20人を送還する。

　1160年、大政大臣九条伊見の日本より高麗に到る者は只対馬

人のみ。然るに宋人の我国に来るに似ず。我国の小商微物を持ち渡らば軽侮せられる。よつて対馬の商人の高麗に渡るを禁止する。

1185年、前対馬守・源親光任満（源頼朝の外戚）は平家の召に応ぜず、よって、平家三度追討を遣して戦い或は国務を知行す。3月4日親光、風波を凌ぎ高麗国に難を逃れる。親光妊婦を伴い、依て仮屋を眈野の辺に構へて、産生の時、虎が中をうかがっていたので、親光の郎党、之を射殺す。高麗王この事を感じ三ヵ国を親光に賜り彼国の臣と為す。

5月、三河守源範頼、頼朝の命を受け親光を迎える船を本島（対馬）に遣す。親光高麗に渡り居る。船を彼地に遣す。本島（対馬）守護人、河内五郎美長も又、同じく書状を親光に送り、平家滅亡せり帰朝すべきの趣を告ぐ、よって6月、親光本島（対馬）に帰着する。高麗王、重宝等を三艘の船に納れ副て之を送りたる。

1225年、本島（対馬）人、多数高麗国全羅州に至り物を奪い住民を害するを以って高麗使を大宰府に送り訴える。大宰府少弐質頼上奉を経ずして高麗使の目前に於いて前に捕らえたる90人を斬首して返牒を送る。後朝議、之を国辱となし彼の牒状の無禮を非難する。

1263年2月、我国1艘、高麗熊神縣勿島に入り同島に、碇泊の貢船を奪う。4月、彼の使者大宰府に来たり、牒状を呈して寇を禁ぜんことを請う。乃ち之を調査して本島（対馬）人の所為と決する。使者に米20石、馬麦30石、牛皮70領を微して還す。（大宰府と高麗間の交通条約あり）

1366年、高麗国王、大宰府に遣し、我国海賊を禁ぜん事を請う。我国人、彼の辺海を侵し以てなり、是に於て、対馬島主、宗経茂、家臣を遣して、之に答える。国王大に悦び歓待到らざるなく其の帰るや、米一千石贈る。高麗と対馬の隣好なる。

1392 年、高麗使いを遣わし、隣好を修めんことを請う。対馬島主、宗頼茂、之を鎮西府に告ぐ、将軍足利義満、之を許し、僧中津をして返簡を書かしむ。同年 7 月高麗亡び、朝鮮起きる。

　《蒙古・元》1206 年、チンギス・ハンは、中央アジアから北西インド・南ロシアなど遠征して広大なモンゴル帝国を建設した。これをついだ太宗（オゴタイ）は、都をカラコムに定め東は1234 年、金を滅ぼし、また高麗を討ち、西はポーランドとドイツの連合軍を撃破した。チンギス・ハンの孫五代目の天子フビライは都を大都（北京）に移し 1271 年国号を元とした。

　1269 年 3 月、蒙古の使、高麗の使等、本島（対馬）に来たりしが、拒みて入れず、乃ち上県郡志留の民・藤次郎、弥次郎を捕へ去り、4 月之を燕京に送り蒙古国主忽必列に見えしむ、二人厚遇を受け、7 月高麗の使者に送還される。

　1271 年 10 月、蒙古の使「趙良弼」大宰府に来て朝貢をせまる。時宗（鎌倉幕府）は、断固として、これを拒絶する。大宰府、蒙古使を送還して本島(対馬)に至る。この年 11 月蒙古を元と改む。

　《朝鮮》1399 年、対馬島主宗頼茂その子貞茂を朝鮮に遣わし、土産及び馬を贈る。翌年 4 月復た馬 14 匹を、頼茂亦馬 6 匹を贈り、海寇厳禁を約束する。国王、島主父子の誠意を喜び、米、豆、麻布、苧布、虎豹皮等の物を贈り好意を表わす。此頃より、海寇の害一時大に減じる。朝鮮と対馬の通交が盛んなる。

　1409 年、宗貞茂、室町幕府義満の薨去を朝鮮に告げる。亦貞茂書を以て大蔵経を求める。倭寇を抑える代償として珍島及び南海島の分割を求める。（其の希望を達するにいたる。）

　1414 年、宗貞茂書を朝鮮国王に呈して、高麗版大蔵経一部の讀興を請い、初めて之を得る。

　1470 年、宗貞茂書を朝鮮国王に呈して、筑前笥崎八幡重建の

寄贈を請れて之を得たる。
　1541年7月、本島（対馬）人の朝鮮斎浦に在る者、彼国人と闘争し逐はれて帰りし者300人。

［秀吉の朝鮮外交］
　1588年、秀吉、義調（対馬）に命じて、朝鮮王に説いて入朝せしめ、若し彼れ聞かずんば直に軍を発せんとす。義調、油谷康広に命じて、6月秀吉の書を奉じて朝鮮に往かしむ。
　1589年、宗義智大阪より還り、直に僧（信玄）及び柳川調信を率いて海を渡り、京城に到り、国王李昖に来朝を諭す。正使、副使、書状官を我国に遣すに決したる。
　1590年6月、宗義智、三使を伴いて京に到る。12月秀吉三使を聚楽第に引見し、和好初めて成る。
　1591年6月、関白は貴国の導きで、明国を伐たんと欲する。朝鮮国は之に応ぜず。調信、朝鮮地図を制して秀吉に呈する。秀吉之を諸将に頒つ。是に於て征韓を議決す。秀吉、義智に命じて前軍の先鋒たらしめ、米一万石、白銀千枚、兵器火薬を与えられる。
〈1597年8月、秀吉、伏見城で薨去。〉

聚楽第
（出典：ウィキペディア）

大阪城

［家康の朝鮮外交］

1599年、家康、宗義智（対馬）及柳川調信（対馬）を召し命ずる。朝鮮と修好復旧の事を以ってして、曰く、朝鮮我と通ずること久し、然るに一旦火を交え両国怨を構う。今に於て旧交を尋ねるは予の願う所なり、卿先づ書を裁して彼国に送り成否を試みよ、若し成るの望あれば公命と称するも可なり。1599年〜1605年間（年1回の交渉）で朝鮮と復交について協議する。

1606年「朝鮮と復交成る」宗義智乃ち井手智正をして、駿府に到り、家康に報告する。家康、大に悦び引見して手づから道枢及び白銀を賜う。

1609年、義智、智永及び玄蘇を朝鮮に遣し、前年の信使に酬い且つ条約を締結せしむ。宣尉使李志完應接す。依って歳遣20船を以て率となす事（特送船3艘亦其中に在り）我公館を釜山に置く事（国都に入るを得ず）及び貿易、開市等の諸件を定。朝鮮乃ち勘合図書を送る。玄蘇亦図書を享け歳遣1船を約す之を以酊庵送使と云う。（朝鮮と対馬間条約締結）

1611年、智永、南方方面・南清・呂宋（ルソン）、マライ方面・安南（アンナン）等と盛に貿易を為す。

1613年、前将軍家康の内意を受け信使来訪のことを朝鮮に求める。朝鮮之を諾す。

〈1607年〜1811年まで204年間で朝鮮通信使来訪12回〉この間、両国に紛争無し

朝鮮通信使 海上図　　　　　朝鮮通信使　江戸市中行進
長州藩の船に守られ下関に入港　日本橋の三越（越後屋前）を行進

　先に、対馬の統治や通交を述べてきた。ここに国家間の戦争、侵寇、国防について実際に在った事例を掲げる事にする。

3. 戦争

（三韓征伐）

　200年10月、神功皇后・船軍を率い、和珥津（対馬鰐浦）より発船、新羅降服す。高麗、百済は自ら朝貢を受け入れる。是が三韓征伐である。

（白村江の戦）

　660年、新羅が唐と結んで、百済を攻め、その都を陥れた。百済は日本国に人質として王子豊璋をおくり、百済復興を計りたいと要請した。翌（661）年、皇太子中大兄皇子は九州にくだり百済救援の軍をおくった。その翌（662）年、阿曇比羅夫を派遣して百済を救わせたが効果が上らず[663]年、救援軍をおくる。しかし錦江の河口にあたる「白村江の戦」で、唐、新羅の連合軍と戦い、わが水軍大敗する。ここに百済滅亡する。

第1部　日本の衛星国・対馬

（対馬佐須浦の戦）

　894年9月、5日、対馬島司、新羅賊船45艘到ると大宰府に急報する。9日、大宰府は駅便を馳せて朝廷に報じ、筑前守文室善友を対馬に遣し之を防ぐ。新羅の軍は、大小船合せて100艘、組2,500人である。この戦いで新羅軍の捕虜は大将軍6人（唐人1名）・賊徒1人、捕獲した物は、船11艘、太刀50柄、桙千基、弓110張、胡録100房、楯310枚を大宰府に上げる。

（文永の役）

　1274年10月、欣都・洪茶丘らを将として、元（蒙古）兵2万人、高麗兵五千人から成る軍を戦艦900艘に分乗させ、朝鮮南端の合浦（馬山）から出発した。元軍は対馬に上陸（船78艘、兵士千人）して、守護代の宗助国の軍を破り、壱岐をおそい、さらに肥前の松浦郡をおかし、博多湾に侵入した。対馬からの急報を受けた大宰府では、九州の御家人たちを召集し少弐経質を大将として、これを迎え討つた。しかし、元軍の用いた集団戦法や火器による攻撃のため、苦戦におちいった日本軍は大宰府に近い水城まで退く。日没で元軍は、軍隊をまとめて船に引き返す。その夜、大暴風雨がおこり、元軍の軍艦200余艘を失い、兵をまとめて朝鮮合浦に退却する。

（弘安の役）

　1281年5月、朝鮮の合浦を出発した東路軍は対馬・壱岐を侵して博多湾に攻めこんだ。日本軍の河野通有らの奮戦に、東路軍は退いて肥前の鷹島で江南軍の到着を待った。江南軍は6月末になって到着して東路軍と合流、7月末に博多港にはいった。その夜半、再び大暴風雨は元の戦艦四千余隻の上に荒れ狂い、残っ

17

た艦船は僅か弐百隻にすぎなかった。元兵十四万のうち生きのびて逃げ帰った者は三万人に足りなかったと言われている。

元軍は東路軍と江南軍にわけられる。

東路軍（元・高麗・江北）四万…蒙漢兵五千・高麗軍一万・舵取水夫等一万七千・艦船九百艘（高麗）

江南軍（南宋水軍、江南兵）十万…新附栄軍十万人・艦船三千五百艘

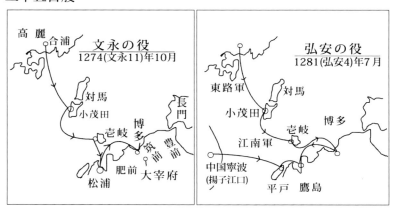

文永の役
朝鮮・合浦（馬山）→対馬（佐須浦）→壱岐→肥前・松浦郡→博多湾→合浦→退却
弘安の役
東路軍（高麗・元・江北）合浦→対馬→壱岐→博多湾→肥前・鷹島（江南軍到着を待つ）
江南軍→中国寧波（揚子江口）→肥前・平戸島→鷹島→全軍合流

（対馬糠嶽の役）

1419年6月20日、島主貞茂（対馬）、朝鮮と好を修め、彼国の信頼を得たる。然れば他州の賊船、彼国の辺境を犯す。賊船の根拠地を対馬と疑い、朝鮮国王昀（世宗）は、其将析廷題、李従茂をして戦艦二百二十七艘、兵一万七千二百人を率いる。朝鮮軍、浅海湾に入寇し、人家及び船舶を焼く。貞茂この報を得て、自ら兵を督して、先ず戦に加わる。鎮西探題は、渋川英俊、少弐、

大友、島津らの兵を派遣する。我軍、火を放ち、瓢火矢を発して、賊船を焼き兵発して之を撃つ。我兵死者百二十三人、賊を撃つこと二千五百余級

（文禄の役）

1592年、秀吉、唐入進発を諸将に命じ、自らも肥前の名護屋に本営をかまえた。第一軍小西行長、第二軍加藤清正以下九軍十五万余の将兵は釜山から漢城に進み、清正はさらに北上して辺境の会寧まで達した。しかし、朝鮮義民軍の抵抗・日本水軍の劣勢・明軍の来援など、戦局は停順し、宗氏や小西行長の画策によって明の将軍沈惟敬、平壌に小西行長と合い和平を約する。翌（1593）年、小西行長、兵粮の欠乏により沈惟敬の和議を入れ休戦する。秀吉、和議七条を明使に示す。翌（1594）年、朝鮮王李昖、加藤清正に講和を求める。

小西行長の使者、内藤如安、明軍陳雲ら小西行長に講和を求める。明の正使、李宗城ら、北京を出発し釜山浦へ向う。

1590年、秀吉、明使と朝鮮王子の来朝を求める。小西行長、明の将軍沈惟敬、釜山を発ち肥前名護屋に向う。秀吉、明使揚方亭を大阪城に引見、表文の無礼を怒り追い返す、表文は「爾（なんじ）を封じて日本国王となす」

（慶長の役）

1597年、秀吉、再び十四万余の大軍を出動させた。黒田長政、朝鮮に城を築く、加藤清正、明の将軍沈惟敬に会見を求める。秀吉、朝鮮国王が王子を来朝させないのに怒り、小西行長、加藤清正に攻撃開始を命ずる。小西行長ら巨済島で朝鮮水軍を破る。しかし、朝鮮の水師提督李舜臣、鳴梁で日本水軍を破る。

1598年、加藤清正、尉山城を修築、小西行長、明軍に和平を求める。家康、利家、秀吉の死を秘し、在朝鮮の諸将に撤兵を命ずる。明の提督劉綖と陳璘、小西行長の軍を順元城外で包囲、明の提督、麻貴、加藤清正を尉山城を囲む、明の水軍、日本軍の帰国を阻止する。日本軍の朝鮮からの撤兵、完了する。

4. 侵寇

　811年12月、新羅船三艘有り、一隻（10人）佐須浦に着す。翌七日、二十隻有り、同夜燭火相連るを見、乃ち賊船と知り一隻の内5人を殺し、5人は逃走するが4人を捕獲する。之を大宰府報じ、大宰府は朝廷に申告する。

　819年、此頃、刀伊賊、佐須（対馬）に入寇して付近を侵奪す。阿比留氏の祖勅命を奉じて賊を討ち之を滅ぼす。

　1019年3月、北方より刀伊の賊船五十余隻、対馬、壱岐、博多、松浦に侵入、特に対馬、壱岐は被害がひどく、大納言藤原實資の日記「小石記」によれば、［対馬］被殺害者134人、被追取

人 1,346 人、焼住宅 45 軒、食料（馬 182 匹・牛 17 匹）、4 月
賊対馬を離れ高麗の元山沖に於て高麗水軍の攻撃を受け、八艘を
捕獲せられしが其船中に捕はれ居る者 259 人は高麗から大宰府
に送還される。この賊徒、正体不明にして、大に高麗を疑う。

　1285 年、元、再戦のため副使を高麗に遣し艦船を造る。元兵・
対馬［国府（厳原）浦及び阿須浦］を侵す。

　1350 年、我国の海賊高麗の辺境を侵す。これを〈倭寇〉と呼ぶ。
1160 年の高麗渡航禁止により、本島（対馬）の商人、民衆は経
済的に貧困し、度々、高麗の辺境を侵す。1225 年頃には、本島（対
馬）人、高麗国全羅州に至り物を奪う。このことを高麗使は大宰
府に訴える。

　1389 年、高麗軍艦、百艘を率いて本島（対馬）を侵す。高麗賊船、
浅海湾に入る。〈倭寇〉が捕へ来りし、高麗の男女、百余人を探
し得て還り去る。対馬守護代宗氏は大宰府へ報じる事無く、宗氏
ら中心に応戦した。

　1510 年、大内君鎮西郡督は、対馬の文引を要せんと、直接朝
鮮との交渉を行なった。対馬と朝鮮との約束を反故にした、朝鮮
に対して、宗盛弘三百人を率いて、琴浦を出発、朝鮮の熊川城を
攻め、検使李友会を殺す。帰国して、再び進んで戦い破れ全滅す
る。（俗に源四郎島合戦と云。）

5. 国防

　199 年、黒瀬城を築く。異賊襲来の風聞さしせまる。翌年神
功皇の「三韓征伐」

　300 年 8 月、諸国に命じて船舶を建造せしめる。

　664 年、白村江の戦に破れ、対馬島、壱岐島、筑国等に防人（兵

士）及び烽（のろし）を置く。

667年9月、倭国高安城、讃吉国山口郡屋島城、対馬金田城を築く。11月、諸国に令し、軍法を習はしめる。

　　　対馬金田城跡　　　　　　　対馬清水山城跡

759年3月、[大宰府上書]1博多、大津及び壱岐、対馬等要害の地、船百艘以上を置く。制なるも現在使用に堪えるものなし。2.東国の防人を停めてより府の守備廃絶して不慮に備え難し。3.管内の防人は作城を停め練式を専務とし、且つ耕し且つ戦ふの主旨に基づき五十日練式、十日作戦に役せん。4.今や管内の百姓困窮者多きを以て国防の為め優遇されたし。

783年5月、対馬は海を隔て、遠く、往還不便なる。東国より防人（兵士）を派遣する。

795年11月、筑紫人を以て、壱岐、対馬の防人と為さしめる。

841年8月、大宰府曹、百四人を対馬に充て防人を兼ねる。

843年8月、新羅国防に鼓声聞こえる、大宰府の上言に依り警護を厳しくする。

865年3月、筑紫の防人百二人の内十二人は大宰府に充て、その代りは、本島（対馬）人を以って之を補う。

870年6月、対馬島に選士五十人を置かれる。

876年3月、防人廃止、（妻帯をなし、釣魚を営みて住居は有

名無実に等しい。）防人現在九十四人。

894年8月、防人廃止たるが、有事の日あり、九州より防人を派遣する。

1591年、秀吉、肥前名護屋、壱岐勝本（旧名風本）、対馬国府清水山に築く。豊崎郷撃方山（対馬）に築く。

1662年、鍛冶屋棟梁（小田孫二郎、春左衛門）を和泉国堺に遣し鉄砲法を慣わしむ。

6. 対馬の思想

対馬の思想に影響を与える、対馬の自然環境は勿論であるが、対馬の統治者、外国との戦争や通交等によるのも大である。特に、対馬の思想の背景を成しているのは、対馬神道、対馬の仏教、儒学等に求めることができる。

(1) 対馬の神道

雷命神社(亀卜)　　白嶽神社(霊山)　　多久頭魂神社(祈祷)

祭神・対馬縣主　　祭神・大山紙神　　祭神・天童法師
雷命大臣・官社　　津島七嶽の宗社　　御産地・天童地信仰
(亀卜は現在でも　　(古事記の世界を　　(大寶3年朝廷に召
酘豆地区の岩佐　　雄嶽・雌嶽で　　され祈祷の功に依り、
家が行っている)　　形に現した世界)　　寶野上人の号を賜る)

対馬神道という語は、宝暦10年（1760）の対馬国大小神社帳に見る事ができる。

住者、雷大臣命対馬の縣主に任じられてより、このかた雷大臣の伝来を得る祭祀祷請を行い来った、これを対馬神道という。

　対馬神道の根底である「記紀の初に、陰陽が現われ、陰陽の交錯によって、あらゆる現象が起きてくる。」ことから始まる。

　[日本書紀] には、「昔、天と地がまだ分かれず、陰陽の別もまだ生じなかったとき、鶏の卵の中身のように固まっていなかった中に、ほの暗くぼんやりと何かが芽生えて含んでいた。やがてその澄んで明らかなものは、のぼりたなびいて天となり、重く濁ったものは下を覆い滞つて大地となった。澄んで明らかなものは、一つにまとまりやすかつたが、重く濁ったものが固まるのに時間がかかった。だから天がまず出来上がって、大地がその後にできた。」

　[古事記] には、そもそも、混元すでに凝りて、気象いまだ表われず。名もなく為（わざ）もなく、誰かその形を知らむ。しかれど乾坤初めて分かれて、参神造化の首（はじめ）となり、陰陽ここに開けて、二霊群品の祖（おや）となる。

　[国土生] 陰陽の宇気比にあたっては、婦人が言葉を先にかけてはよろしくない。まず、男「あなたの御身体は、どの様におできになって居りますか」、女「わたくしの身体は、だんだん出来ましたが、まだ成り合わないところが一所あります。」、男「わたくしの身体も、だんだん出来ましたが、成り余っているところが一所あります。成り合わないところと、成り余っているところを合わせて国生みをいたしましょう。」

　ここには、両性の違いと、余っているものを与え、足りないものは受け入れる。お互いに協力することで、明日に繋がる創造ができることを、教えている。

　200年、中臣雷大臣命、本島（対馬）に留まり奉請して、本島（対馬）の主となる。雷大臣は始め豆酸に居り、後に、阿連に移り、

更に加志に移る。稜、亀卜の法を伝へ子孫世々対馬縣となり、且つト部の祖なり、加志の大祝詞神社の地は、其館跡なりと云われている。雷大臣は烏賊津使王に同じ、本島（対馬）にては、古来雷大臣命の字を用いる。

　亀卜の根元は対馬である。卜部は職員令神祇官の下に「卜部20人」と見え、また、延喜式臨時祭に「卜部三国、卜術優長者をとる。伊豆5人、壱岐5人、対馬10人」とある。200年に開かれた亀卜が、対馬豆酸の岩佐家では現在も行われている。

　[牛骨・亀甲卜]占いは、現代においてさえ世界のどこにでもあって、それが生きる慰めになり、諭したり、鼓舞になっている。それだけでなく、未知の将来に生きる人生は、絶えずある種の占いを必要としている。極端な言い方をすれば、われわれにとって明日は、どんな運命が待ち受けているか分からない。それで学問は、運命克服の道である。

　国家の諸行事の実施いかん、旬間の吉凶、天候、稔りの豊・凶などを、牛の肩胛骨または亀の甲を灼き、そこに現われる卜兆によって占っていた。ところで、なぜ牛骨または亀甲が用いられたのであろうか。牛骨・亀甲卜が選ばれたのは次による。

　農業を国家経済の主体としていたことと関係があるであろう。亀は水神であり、大地の神であった。牛は水牛であって、水辺の耕地の神または、その使者とされていたのである。

　神は天地どこでも自由に遊行するが、地に有る神霊、牛や亀がそこに住む人間にその神意を伝えると考えたのであろう。

　[古事記卜]、天岩戸神隠れの神話の天河原の神議りにおいて大玉命が天香山の牝鹿の肩胛骨をとって、天香山の樺木の火でそれを灼いて卜った、ということであると思う。すなわち、卜に用いられる動物は聖山の聖獣であった。太古には聖獣は神の姿、ま

たはその使者であり、また骨は不死の精霊の宿る所と信じられていたので、火によって不浄なものを除き去れば、骨の裂け目によって神霊の啓示に接することができる、と信じたのであった。

つまり、卜は、それぞれの神に対し、その固有の聖獣の骨により、その神意を知る秘儀として発生したのである。

[**亀卜の捕獲**] 亀卜に用いる亀は小茂田と阿連の間の大野崎で捕った。浦々で亀を捕ることは禁忌で、つとめて亀を保護する教えを広めた。亀卜の用に亀を捕れば、酒を飲ませて八龍殿の社の前に供え、且つ亀を殺すには定日があった。それを家職とする者が甲を剥いだ。この人達は苗字も亀雄、亀顔などと称した。裂いた甲は加志大明神または豆酸の雷神社の宝蔵に納めてから、それぞれ亀卜家に頒与したと云う。

村で亀を捕った者は一々卜部の橘家に届出た。この亀は死甲と称して卜用には使われなかった。

[**神々の島**] 対馬は特に多くの古社を数えることから神々の島と称されたのである。古い所では、続日本後記所載15座、三代実録23座、延喜式29座、それぞれに記録されている。

延喜式は延長5年（927）に完成され、第9巻、第10巻が所謂名神式で、これを神名張と呼び、全国の神社のうち、公に奉幣するもの3,132座を選で官社とした。この神名張に載った神社を式社また式内社と称した。選ばれなかった神社を式外社と呼んだ。

対馬の延喜式29座（大社6・小社23）は、神名張に記載されている。九州での式内社は107社、その中で対馬29社、壱岐24社、筑前国19社で三国のみで72社と多くを占めている。

このように式内社が圧倒的に多い事実は、直ちにこれを外敵咒状のための神々であると見なすことは許されないが、対馬、壱岐のように辺地に官幣を以って祀る神社が多い理由は国境の安全

問題と無関係ではありえない。

　貞享3年（1691）11月に成立した対州神社誌がある。これは対馬全島各部落に在する大小社詞455社について神体、社殿、神山の広さ、村中よりの方角距離、祭日、祭料、神人らの各項目に加えて、古文書、または伝説等を藩公の命令によって報告させた。明治維新当時には470余社を数えた。

　[山の神] 対馬の樵は、山に入る時、塩で身を清め、山の神に御神酒を捧げて自分の安全を祈る。又、この山の生きる物の精霊に木を切ることを伝え、生きる物の安全を祀る。

　[ホタケの神] ホタケさまは、女性神で、対馬中を通じて各戸(家)に必ず祀ってある。

　この神は御神体や本社もなく、祀る場所は台所の一隅に棚を吊って作りこれをホタケの隅という。正月14日には「タラの木」と「藁（ワラ）」でホダレ（御飾）を作ってホタケの棚に奉じる。

　嫁入りの祝宴の場で唄う歌に「ここのお家のホタケの隅にあずけおきます、おひな箱」新しい嫁はまずこの神様に面倒をお願いするという意味があり、台所は女性の修養の場として日々精進する事を教える。

　[ホタケ（阿竹公の逸話）]

　宗義智（19代）は、有明山に、春、鹿が鳴いて不思議と思つていた。仁位に賢い女の子が居ると聞いて子供に逢った。すると、お竹が即座に「春霞秋の霧かとまどとわれ有明山に鹿のひとこえ」と詠んだ。義智はこの歌に感じ、仁位の宮を通じて島内の神々に祀らせたと言う。その後、義智はお竹を奥方として、宗義成（20代）を生んだ、宗義成12才のとき義智が亡くなったが、母阿竹公、才略あり執事宗智順を政所において事を議決した。

　宗智順…義智の兄宗義純（18代）の子。

対馬藩士の明治維新

都々智神社
祭神・天之狭手依比買
表筒男神
中筒男神
底筒男神

和多都美神社
祭神・彦火々出見命
豊玉姫命

木坂八幡宮（木坂八幡一宮）
祭神・応神天皇　彦火出見尊
祭神・神功皇后
仲哀天皇　豊玉姫命　武内宿禰

《**都々智神社**》"古事記"伊邪那岐・伊邪那美の二神は、まず大八島を御生みになり、その国の中に津島（対馬）もあり、この島の一名を天之狭手依比買という。

　伊邪那岐の禊の時に現われた綿津見神は、底筒之男命（水の底にて滌ぎ洗いあそばす時に現われた神）、中筒之男命（水の中ほど滌ぎ洗いあそばす時に現われた神）、上筒之男命（水の上にて滌ぎ洗いあそばす時に現われた神）である。

　※禊は、罪や、けがれを、払うために、川などの水を浴びて身を清めること。

　《**和多都美神社**》由緒、当神社は海宮の古跡である。古海神・豊玉彦命は、この地に宮殿を造り在住する。御子に一男二女が有る。長男を穂高見命と申し、長女を豊玉姫命、次女を玉依姫命と申すなり。ある時、彦火々出見命は、失った釣を捜して上国より下り至る。

　この海宮に在ること３年にして、ついに豊玉姫を娶り配偶する。豊玉彦命（海神・綿津見大神）の助けうけ、釣を得て上国に還りたまう。故に宮跡に配偶の２神・彦火々出見命（火遠理命）・豊玉姫を奉いて和多津美神社と称する。

28

第1部　日本の衛星国・対馬

《木坂八幡宮》祭神・応神天皇、仲哀天皇、武内宿禰、御神体木造3体。別張に海神神社祭神・彦火々出見命、豊玉姫、御神体金像2体。木坂八幡一ノ宮祭神・神功皇后御神体へいし二つ。

（八幡宮）201年神功皇后の三韓征伐を経て、鰐浦（対馬）に凱旋し、佐賀（対馬）に至り、御幡八流を砂上に立て、皇后、この下に立たせ給い、文武百官凱旋を祝し奉る。

この八流の幡、各鈴は後世2個宛、木坂八幡宮（対馬）、国府八幡宮（対馬）、黒瀬八幡宮（対馬）、豊前国宇佐八幡宮に分かちたる。

「507年」神功皇后の神託に依り、応神天皇以下の諸神の霊を木坂に鎮め奉る。「570年」本島八幡の神霊を分かち豊前国宇佐に祭る。但し、御神体は幡なり。

(2) 対馬の仏教

法清寺　菩薩形立像

三国時代 6世紀
〈百済末期〉
国の重要文化財

豆酘寺の梵鐘

国の重要文化財

旧清玄寺梵鐘

国指定重要文化財

黒瀬観音像　如来形坐像

統一新羅時代 8世紀
国の重要文化財

《仏教の普及》

538年、百済の聖明王が仏像と経論を朝廷におくり、仏教が公伝された。

587年、天皇、病の為、仏教に帰依せんことを群臣に謀る。物部守屋・中臣勝海は反対する。この歳に天皇は崩御された。

588年、百済・仏舎利を献じ、僧・寺工・鑪博士・瓦博士・画工を贈る。このとし蘇我馬子、善信尼らを百済に留学させる。また飛鳥に法興寺（飛鳥寺）の建立を始め596年、法興寺が完成する。

聖徳大子・蘇我馬子らの主導のもと仏教の興隆政策がとられ、聖徳太子の発願により、四天王寺、法隆寺、広隆寺、法起寺、中宮寺などが建立された。又、小野妹子を遣隋使として煬帝に国書を呈す。学僧の派遣も積極的に行う。

614年、蘇我馬子の病気全快のために男女一千人出家させる。これを見ても分かる様に仏教は権力者の保護を受け、7世紀初めには46寺建立され、7世紀末の持統天皇の頃には、545寺を数えるに至った。

この時代に対馬を往来した、多くの知識人が、対馬の人に思想的に影響を与えたに違いないが、対馬に根付いていた神道を越えて仏教を受け入れる環境になかった。

652年、百済の尼僧法明、本島（対馬）に来り、始めて呉音を以って維摩経を誦す。これ本朝呉音の初なるが本島（対馬）に於いて為ししを以って呉音の一名を対馬讀と云う。

【呉音】呉音は、日本の漢字音の一つ。［明］の「ミヨウ」、［人］の「ニン」など、漢音より先に伝えられた。古代の揚子江下流の言語の音をうつしたものという。

【維摩会】667年藤原鎌足が山階寺を建立して、その翌年に福亮を招請して講じたのが最初といわれる。奈良の興福寺で10月10日から7日間、維摩経を講じて供養する法会をいう。

【維摩経】大乗仏教の一つ。維摩詰と文殊菩薩の対話の形式によって、実生活に即した大乗仏教の教え説く。病床の維摩を仏弟子の代表たる文殊が訊ねて問答を交す形式で物語が展開する。その間、挿話的に仏弟子の一人一人が維摩にやりこめられて手も足も出なかった話や光景が示されている。在家であっても、みずみずしい宗教的精神にあふれている。維摩が説教に囚われて身動きできない教団人を手玉にとるところに、おかしみもあり趣きもあって、大乗仏教の在り方を知る大きな手がかりとなついている。

741年、本島（対馬）に島分寺を建つ。奈良時代に全国66か国と壱岐・対馬・多祢（3分寺）の69が処に建立された国家的大事業で僧寺は金光明四天王護国之寺（略して国分僧寺、国分寺）と称し、東大寺が総国分寺である。尼寺は法華滅罪之寺（略して国分尼寺、法華寺）寺と称し、奈良の法華寺か総国分尼寺である。

「縁起」737年、病が大流行して、光明皇后の兄4人が同年に没し、その他、貴人大官の死がつづき、そのため聖武天皇は国家安穏・五穀豊穣を祈願してこの大事業を起こされた。この事業は宝亀元年（770）ごろ完成した。

対馬の宗派
【天台宗】
法華経を基本として、中国の天台大師智顗によって大成された仏教のひとつ宗派諸法実相・法華一乗を説く。平安初期、最澄が日本に伝え、禅・戒・密教をあわせて独自の教理を展開した。この宗派から、良忍の融通念仏宗、源空の浄土宗、親鸞の浄土真宗、栄西の臨済宗、道元の曹洞宗、日蓮の日蓮宗など新しい宗派が生

れた。

「最澄」（767 〜 822）平安初期の僧で、日本天台宗の開祖。姓は三津首。近江（滋賀県）に生まれ、14 歳で出家し、南部に学び、東大寺で具足式を受けたが、山林を愛して比叡山に入って発願文を作った。仏教各宗の経論を研鑽し特に一乗思想に傾倒した。やがて根本中堂を創建して比叡山と称し一乗止観院と号した。最澄は法華十講を修し、また高雄山寺で天台宗義を講議した。さらに法華一乗を究めんため入唐を乞い訳語僧義真を伴って 804 年、空海とともに入唐し、唐の僧らに円蜜禅式を受けて九ヵ月半で帰朝した。822 年比叡山中道院で 56 歳で没する。著書、法華秀句、山家学生式、顕成論、伝教大師全集 5 冊。

［万松院］天台宗延暦寺の来寺。厳原町国分金石山の麓にあり、本尊・観世音菩薩。元和元年（1615）の春、宗義智の墓所の下に位牌所を建て、松音寺と号したが、数年後、義智の法名・万松院殿によって寺号を万松院と改めた。はじめ臨済宗であったが、寛永 13 年（1625）に天台宗の総司として続いている。境内に大師堂、護摩堂があったが、古くに焼失して、再建されなかった。対馬に現在、天台宗寺は 7 ヶ寺である。

【禅宗】…［日本曹洞宗］・［日本臨済宗］

坐禅・内観の法を修めて、人間の心の心性の根源に至ろうとする宗派をいう。仏心を覚えることを目的とするから仏心宗とも云う。「ダルマ」によって（521・527）に初めて中国に伝えられ五祖弘忍の門下の中、慧能によって南宋が、神秀によって北宋がおこり 2 派に分れた。慧能の許からは青原・南嶽の両系が出て、前者は曹洞宗となり、後者は臨済宗となり、江南の地に勢威をふるった。わが国へは、鎌倉時代の初めに、栄西が臨済宗を道元が曹洞

第 1 部　日本の衛星国・対馬

宗を伝え、ともに鎌倉・室町時代に盛んになった。戦国時代には五山文学と呼ばれるほど盛んな文芸運動の中核となっている。

　【曹洞宗】禅宗 5 家 7 宗の一。禅宗は六祖慧能の時に南宋、禅（祖師禅とも）が大成されたが、この法系に良介（807 ～ 869）が出て洞山に住んで法を弘めた。六祖の住んでいた曹渓の（曹）と洞山（洞）をとってこの法系の名とした。

　「道元」（1200 ～ 1253）鎌倉時代の僧。曹洞宗日本開祖。内大臣久我通親の子。京都の人。14 歳で比叡山で修学したが、あきたらず建仁寺に栄西を師とし、栄西の没後、明全とともに入宋し、天童山その他を歴遊して、天童如浄から純禅を伝えて帰朝し、建仁寺に住んで普勧坐禅儀を撰し、深草興聖寺を建てて学道用心集を撰して 10 年余修行し、宋風が起こったが貴族、権勢に近づくことをさけ、越前の永平寺に移り、修道生活を続けた。

　北條時頼は一寺を鎌倉に建立せんとしたが固辞して永平寺に帰り、後蘇我天皇から紫衣を賜ったが生涯身につけなかった。坐禅によって釈迦に帰れと唱え理論より実践を重んじて、専ら弟子の養成に尽力した。著書、正法眼蔵、永平広録など。

　［国分寺］曹洞宗、総持寺の末寺。天道茂の奥にあり、本尊は釈迦如来。創建は天平 13 年（741）、聖武天皇が諸国に国分寺を作らしめた時、国府の地、清水山の南麓に建立した。

　文徳天皇の天安元年（857）、乱民の兵火に罹って総伽藍を全焼した。翌 2 年、国府嶽の東麓に大日堂を建立したが、これが現在の西山寺につながる。その後 600 年間を経て、文明 12 年（1480）、宗貞国（宗家 10 代法名国分寺寺殿）が、その弟甫庵宗睦和尚に国分寺を再興せしめ、昔の寺址に一寺を建てた。寛文 5 年（1666）に日吉に還り、さらに天和 3 年（1683）、以酊庵

33

と屋敷を振り替えて現在の地に移転した。藩政時代は、朝鮮信使の客館ともなり、広大な本殿をもつていたが、明治以後、維持管理が困難となり、ついに堂宇を解いた。

さらに大正13年（1924）の出火により、薬師堂を残して全焼した。その後仮建のまま現在に及んでいる。対馬に現在、曹洞宗は50ヶ寺である。

【臨済宗】中国禅宗五家七宗の一。臨済儀玄を開祖とする。日本では栄西が黄龍派の法を受けて、建久2年（1191）に伝え、聖福寺・建仁寺を建てて、円・密・禅、三宗兼学の道場としたのに始まる。

「栄西」（1141 ～ 1215）鎌倉初期の僧。日本臨済宗の開祖。備中（岡山県）吉備津の人。19歳で比叡山に登って天台宗乗を学び、また密教にも通じたが、天台教義の停滞を憂えて、1168年、入宋し天台山に学んだ。新章琉を講来して帰朝したが、禅によって教界改革の道を開こうと決心し、1187年に再び入宋し、天台山万年寺が虚庵懐敵について仏祖の心印を得て、1191年、帰朝した。博多に聖福寺を建立したが、たちまち天台宗徒の論難にあったため、出家大綱・興禅護国論を著して日本天台の先哲らによって喝道された禅は決して新教でないと論じたてた。

旧仏教の協調によって禅の弘通をはかり、先ず新元地の鎌倉に行き幕府の信任を得て寿福寺を建立し、その授護によって1202年、京都に建仁寺を創立したが台密禅三宗を兼学する道場として真言院・止観院を置いて純粋の禅寺とはしなかった。1213年、僧正にのぼり1215年に75歳で没する。また、宋から持ち帰った茶種を植えて発展させた。

「西山寺」臨済宗南禅寺派。国分町奥里にある。本尊は観世音

菩薩。天安元年（857）に国分寺が炎上し、翌年この地に大日堂を建立したが、後に大日寺とよぶようになり、この寺の起源である。この頃は真言宗だった。永正9年（1512）、宋貞国（宗家10代国分寺殿）の夫人をこの寺に葬り、その法名（西山寺殿）によって西山寺と改めた。享保17年（1732）、日吉にあった以酊庵が消失してこの寺に移転し、西山寺は瑞泉院（太平寺の西方）に移った。

慶應の末年（1865）、以酊庵が廃せられて瑞泉院より復帰した。以酊庵は玄蘇（宗儀智の側近にあって朝鮮及び明との交渉に活躍し、秀吉、家康からも信任された傑僧）以来、京都五山より輪番僧が赴任して来た臨済宗の名刺であった。この以酊庵が廃寺となってからは、その後受けた西山寺が対馬臨済宗の総録となって現在に至っている。西山寺の什宝の中に明の神宗皇帝より玄蘇に賜った蜀紅錦の袈裟。朝鮮国王より贈られた銅印が伝わる。

対馬に現在、臨済宗寺は19寺である。

梅林寺
所在・小船越
曹洞宗
薬師如来

国分寺
所在・天道茂
曹道宗
釈迦尼如来

萬松院
所在・国分金石
天台宗
聖観世音

《梅林寺》538年（欽明6）百済の聖明王、仏像と経論を朝廷におくり、仏教が公伝される。552年（欽明13）、百済の聖明王、釈迦仏像と経論を献ずる。仏教礼拝の可否を群臣に問う。（紀、538年の史実を書紀編者が改変か）

※対馬の記述では、552年（欽明13）、百済聖明王の特使、釈迦仏の金銅像1体、幡蓋及び仏経等を捧持して、来朝し、当時、対馬の交通の要津で、本島（対馬）の小船越に其第一歩を印たる。この時、これ等の物を暫らく、仮の一堂を設けて安置され、その後、都に伝えられた。梅林寺は大般若経や釈迦の誕生仏（統一新羅時代）が大切に守られている。

　《国分寺》741年聖武天皇（天平13）、諸国に命じて1国1寺の金光明四天王護国寺を建てる時、本島（対馬）も亦、これを建立し、島分寺と号した。後に国分寺と称するに至る。

　当初国府清水山の西南麓に建立され、金石川を隔てて1洞ヶサエに及ぶ一帯の地に仏教、道具等の置場があった。然るに857年文徳天皇（天安1）、寺舎消失し、翌2年仮建の時、大日堂を国府嶽の麓に建てたる。即ち今の西山寺の前身である。島分寺はその後、中絶したが、1471年、後土御門天皇（文明3）に至り、対馬地頭代宗貞国の弟甫庵宗睦和尚これを再興して堂宇を寺址の西北隅に建て、曹洞宗に改宗した。後寛文5年、日吉に移り、更に天和3年に至り、現今所在地・天道茂に移りたる。

　《萬松院》萬松院は対馬宗家の菩提寺（国指定史跡）墓所は百数十段の石階を上りたる上に在り、周園6～7米の老杉の陰に歴代の巨大な墓石を列する。

　院内には宗氏及び徳川死歴世の位牌がある。又朝鮮国王の宗氏墓前に供えたる青銅製の経机、燭台、香炉、花瓶等がある。什物として、後水尾天皇々女寶鏡寺萬松精舎の縣額あり又は寺側に東照宮あり、其祭神なりしが、明治維新後、之を保存する。

　1615年、20代義成公が父、義智公（初代藩主）の菩提を弔うために創設。桃山洋式の山門は、対馬で一番古い木造建築。朝鮮王から贈られた三具足、日本三大墓地のひとつに数えられる壮大

な墓地（御霊屋）がある。

(3) 対馬の儒教

　儒教の基本的な考え方は、中国三皇時代に皇帝伏儀の「易の八卦」易経哲学から始まる。五帝時代の帝尭（暦の制定・五行・人材登用・徳行）などが行われ、それは夏（〜前1600）・殷（前1600〜前1020）・周（前1020〜前770）に引き継がれ、周の周公（礼をもって政治の基本とする）より、礼が創始制度化された。これを基本に孔子の儒教が生れる。

　《書経尭典》尭は、その仁は天のごとく、その知は神のごとく、富んで他人にう驕ふらず、貴くなっても他人をあなどらない。まことに慎みが深く、進んで善事を他人に譲りましたので、その徳は四方のはてまで覆いつくした。

　［人材登用］

　臣「おあとつぎの朱さまが明敏でございます。」

　帝尭「いやいや、口やかましやで他人と言い争うのが好きな人物だ。ふさわしくあるまい。」

　臣「それはもう、共工でございます。あの方は広く意見を求めて、ものごとを順調にやっています。」

　帝尭「いやいや、あれは口先だけ立派なことを云っているが、その実行となると間違ったことばかりし、表面はつつましやかだが、内心は天道をないがしろにしている。」

　臣「この洪水を始めることができるのは、練でございます。」

　帝尭「いやいや、間違っていようぞ。かれは天命に背いてその一族の運命を誤らせている。」

　臣「実際にやらして見てはいかがですか。しかし九年たっても治水の事業は成功しなかった。」

　臣「ひとりもので、庶民のうちにいるものがあります。虞舜

といいます。」

　帝尭「そうだ。わしもそのことを聞いている。だが、くわしくはどんなふうか。」

　臣「瞽（めしい）の子でございます。父親はかたくなな愚か者、母親は口ぎたないおしゃべり、弟は性はわがまま者ですが、孝行第一に家庭の和合をはかり、立派に治めて、手荒なことをすることがありません。」

　帝尭「まず、舜に二人の女を娶らせて、正しく導き治めるかを観られました。舜はよく家道を治めました。よく慎み行ったことよ。」舜は帝尭の次の帝舜となる。

　儒教の根底にある陰陽思想は、中国の易経（易の八卦）、日本の古事記に「陰陽斯に開けて二霊群品の祖と為れり」とある。儒教は孔子を創始者とする実践的倫理思想とその教説の総称。儒学は孔子の教えに基づく学問で、四書（大学・中庸・論語・孟子）・五経（易経・書経・詩経・礼記・春秋）を経典とし、仁と礼を中心として、実践的道徳の体現と「治国平天下」を目的とする。儒教は漢代の国教となって以来、中国の代表的思想として、朝鮮や日本の思想・道徳にも大きな影響を与えた。

　孔子の死後、孟子や荀子らにより発展し、朱子が四書を制定するなど朱子学を大成した。

　明代の王陽明は「知行合一・心即理・致良知」の三説をもって陽明学を確立。清代には朱子学・陽明学の実践的側面を否定した考証学が起こった。

　日本では朱子学が江戸幕府の官許の学となって以降、社会一般に及んで盛行した。

第1部　日本の衛星国・対馬

孔子

孟子

聖徳太子

【孔子】(前522～前479)年、中国春秋時代の思想家。儒教祖。名は丘、字は仲尼、魯の昌平郷陬邑(山東省曲阜)の人。国政に参与したが用いられず、諸国を巡歴し18年後に魯に帰り、以後、教育と著述に専念する。周公を理想とし、人倫の基礎を仁におき、考・礼などの実践を大きな徳目とした。その言行は「論語」に記されている。

【孟子】(前372～前289)年、中国、戦国時代の思想家、名は軻。孔子の仁に基づく礼治主義をもつて、諸国を遊説したが、用いられず、教育と著述に専念。弟子たちとの言行を集録した「孟子」は、人の性を性善説でとらえ、王道による天下統一を説く。朱子学では四書の一つにあげられ、「論語」とともに、孔孟の道として儒学の代表的経典。

「論語」は、応神天皇15年(285)、百済より儒者和邇吉師(王任)が来朝し「論語」10巻、「千字文」1巻を献上しました。

【聖徳太子】(574～622)、用明天皇第二皇子・推古天皇の摂政。聖徳太子は、儒学は博士の覚哿に学び、仏教は高麗の僧の恵慈に学ぶ。ほか暦学、天文、地理などを学び、留学生を隋に遣わして、大陸文化を積極的に取り入れた。冠位12階の制定と憲法

39

17 条は太子の善政の根幹である。

［冠位 12 階の制度］冠位の施行は、大徳・小徳・大仁・小仁・大礼・小礼・大信・小信・大義・小義・大智・小智、全部で 12 階である。階ごとに、それぞれきまった色の絹を縫いつけた。髪は頂きにまとめてくくり、袋のように包んで緑飾りをつけた。元日だけは髻花（うず）髪飾を挿した。

冠位は、個人の才能や功績によって与えられ一代限りとし、昇進も可能であった。この制度は各氏に固定した世襲の打破。家柄によって政治を独占した氏姓制度の弊害の打破。

［憲法 17 条］第一条、第二条、第三条、第十七条を次に記し、四条〜十六条を省略する。

一にいう。和を大切にし、いさかいをせぬようにせよ。人は皆それぞれ仲間があるが、全くよく悟った者も少ない。それ故君主や父にしたがわず、また隣人と仲違いしたりする。けれども上下の者が睦まじく論じ合えば、おのずから道理が通じ合い、どんなことでも成就するだろう。

二にいう。篤く三宝を敬うように。三宝とは、仏・法・僧である。仏教はあらゆる生きものの最後のよりどころ、すべての国の究極のよりどころである。いずれの世、いずれの人でもこの法をあがめないことがあろうか。人ははなはだしく悪いものは少ない。よく教えれば必ず従わせられる。三宝によらなかったら何によって、よこしまな心を正そうか。

三にいう。天皇の詔を受けたら必ずつつしんで従え。君を天とすれば、臣は地である、天は上を覆い、地は万物を載せる。四季が正しく移り、万物を活動させる。もし地が天を覆うようなことがあれば、秩序は破壊されてしまう。それ故に君主の言を臣下がよく承り、上が行えば下はそれに従うのだ。だ

から天皇の命をうけたら必ずそれに従え。従わなければ結局自滅するだろう。

　十七にいう。物事に独断で行ってはならない。必ず衆と論じ合うようにせよ。些細なことはかならずしも皆にはからなくてもよいが、大事なことを議する場合には、誤りがあってはならない。多くの人々と相談し合えば道理にかなったことを知り得る。皇太子が自ら作られた17条憲法は太子の根底にある儒教的な心が根付いているのが読み取れる。

《対馬の儒学者》

　　　雨森芳州　　　　　　　陶山鈍翁

【雨森芳州】1668～1755（寛文8～宝暦5）江戸中期の儒学者。対馬学界の祖。〔生〕近江国伊香郡雨森村（現今の北冨永村大字雨森）の名族雨森家に生れる。〔名〕俊良・東・誠清・字は伯陽、通称東五郎、別号・絅堂・橘窓。

　〔木下順庵〕（1621～1698）江戸中期の儒学者に学び、木門の五先生（雨森芳州・新井白石・室鳩巣・祇園南海・榊原篁州）に南部南山ら5人を加えて木門十哲と称される。木下順庵の推薦により、1689（元禄2）に対馬藩に二百三十石で仕え、文教、外

交を掌り藩政に重きをなした。中国語・朝鮮語にも通じ、朱子学的名分論に立っもので、朝鮮への国書に将軍を日本国王と記すことについて荒井白石に反対した。このことで後世・尊王を論ずる者、芳州の言を以って、万古不易の確論と為す。

芳州は藩士に論語や孟子など「朱子学」を講じ、門人の中から秀でたものを儒官にし、その者の16家が儒を以って家業とした。（学問の継承と人材育成）

著書、橘窓文集・橘窓茶語・たれは草・鶏林聘事録・朝鮮践好沿革志・隣好始末物語・雨森芳州全書（4巻）

【陶山鈍翁】1657～1732(明暦3～享保17)江戸中期の儒学者。号・成功神［生］対馬厳原町・対馬藩府中一洞ヶ採に生れる。（先祖愛媛県伊予の人、儒医を以って宗氏に仕える。）

［系］対馬藩主宗氏に仕えた儒医陶山玄育の子。［名］幼名五一朗、以直・存・通称庄右衛門・字は士道、号・鈍翁・鈍庵。

寛文年間（1661～1672）ごろ京都から江戸に出て木下順庵の門に入り、1673（延宝1）帰国し、1680年家を継ぐ、翌1681（天和1）対馬藩の馬回役となり、録100石を食む。1698年（元録8）には竹島の所属について朝鮮と折衝をおこない1698年に、朝鮮支配佐役となる。

この年、肥前の藩地と久留米藩地の境界紛争を解決し、翌年、郡奉行に任ぜられ、50石加増される。島内に甘藷（いも）を移入し、野猪による農作物の被害を防止するなどの農業振興策や朝鮮貿易の増大などの意を用いた。

鈍翁は、次の様に言っている「善と知って遂げざる事なく。悪と知って止めざる事なし」（社会をよく知った実践者）

著書、水利問答、受益談束語。

《朱子・朱子学》朱子（1130 ～ 1200）中国宋時代の儒者、朱子学の創始者、名は熹、字は元晦。19 歳で進士となり、約 50 年間官界にありながら学に励んだ。

朱子学は朱子により大成された宋代儒学の学派。程頤・周敦頤らの諸学説を基礎に、基づく性即理へと発展させた。実践的には居敬窮理・格物致知を重視する。

日本では朱子学は封建支配を合理化する学問として江戸幕府や諸藩に積極的に採用された。それはとくに、君臣、父子の名分をただす道徳の学として、おもんぜられたのである。

これは江戸幕府の官学とされ基本的数学となった。

著書、四書集江、近思録、朱子語類。

《王陽明・陽明学》王陽明（1472 ～ 1528）中国時代の儒者。政治家。名は守仁、字は伯安。朱子学から出発して、心即理の原理を悟り、陽明学の基礎を確立した。

心即理を根本思想にした知行合一説、致良知説を主張。また心と理としたため、性即理、人欲不定の朱子学を批判する欲望肯定的な方向も生じた。

陽明学は現実社会を批判して、その矛盾を改めようとする革新的傾向があったため、江戸幕府から警戒され日本では発展できなかった。

著書、伝習録。

7. 列強の侵出

　日本は、200余年にわたって、鎖国体制のもとに、太平の世に栄華を貪ってきた。その間に世界の情勢は大きく変転していった。

　イギリスではピューリタン革命（1642～1649）の清教主義や名誉革命（1688）で絶対王政が打破され立憲君主制が樹立され議会政治への道が開かれた。又イギリスの植民地であったアメリカが独立宣言（1776）をしてアメリカ合衆国が成立した。

　さらに、1789年に起こったフランス革命（市民革命）は絶対王政が打倒され、立憲君主制憲法を制定し、人権宣言を行い、自由、平等、博愛を旗標とした共和国が誕生した。

　この間にクーデターが起こり、ナポレオン（1769～1821）が帝政をしき、ヨーロッパ大陸を支配して、オランダを属領としたが、これに対してイギリスやロシアが戦うといった情勢が生れた。ナポレオン帝政（1804～1815）は、短期で滅亡した。

　当時、ロシアは、皇帝（ツアー）による絶対主義・専制政治がおこなわれ、すでに17世紀ごろはシベリアに進出し、さらに東進して日本の北辺を脅かしつつあった。

　日本の鎖国政策の第一の原因は、キリスト教の禁制であり、第二の原因は幕府の貿易統制である。この事は、いずれも幕藩体制の維持に必要と考えたのである。

　《キリスト教の保護》信長は、延暦寺・本願寺などの寺院勢力打倒のためもあって、キリスト教を積極的に保護し、秀吉も、はじめは、これを踏襲したので、キリスト教は目覚しい普及をみた。天正12年（1584）、アウグスチノ会の宣教師も日本で布教をはじめ、信徒の数は、数十万にのぼり、キリシタン大名も10氏を

こえた。

《キリスト教追放令》北九州で布教をはじめると様々な紛争が起きて来た。

その一、神の教えを絶対とし、その掟に外れたことは、たとえ支配者の命令であっても従わないというキリシタンの強い信仰と団結とは封建支配者にとって重大な脅威であった。（その弊害として、領主に対して信者たちは、服従しない者が続出した。）

その二、（サンニフェリベ号事件）慶長1年（1596）が暴風雨にあって土佐に漂着したとき、秀吉の部下増田長盛がこれを臨検して船荷はいっさい没収したが、このとき乗員の水先案内が世界地図を示して、イスパニア（スペイン）は、まず宣教師を派遣して住民を手なづけ、ついに軍隊を送って領土を占領すると失言したといわれる。これが秀吉の怒りをかったという。

その三、フランシスコ会の宣教師が強引な布教態度を示したことで、秀吉を刺激してバテレン追放令となる。

家康は、はじめ貿易促進の意味からキリスト教に対して黙認する態度を示したが、そのため、ルソンからフランシスコ会、アウグスチノ会、ドミニコ会の宣教師があいついで来日し、これにともなって信者の数がふえていったので、しだいにキリシタンに敵意を強めていった。そして慶長17年（1612）に家康の側近で、多数の信者が摘発されたことをきっかけとして、天領に対する禁教令を発するにいたった。その翌年には禁令を全国に及ぼし、教会破壊・信徒の改宗を強行し、それに従わなかったキリシタン大名の高山右近ら多くの信者を翌年マニラやマカオに追放した。

二代秀忠は、元和8年（1622）に55人に及ぶ宣教師・信

者を長崎で処刑した。三代家光は、キリシタン密告への賞金制（1622）、絵踏制（1627）、禁書令（1630）の禁教政策を強めていった。

《幕府の貿易統制》幕府は貿易が盛んになると、商工業が発達して、貿易に関係する西南諸大名や有力商人が富強になり、封建制度の基礎が揺らぐことから、貿易を幕府の統制化におこうとした。

元和2年（1616）に、ヨーロッパ船の寄港地を平戸と長崎に制限し、このため元和9年（1623）にはイギリス人が自発的に日本を去り、寛永1年（1624）は、イスパニア（スペイン）船の来航を禁じた。1635年の令で、いっさいの日本船の海外渡航禁止と日本人の帰国禁止が命じられた。1636年にポルトガル人は全て出島に集められ、日本生まれのポルトガルの子孫（混血児）は国外に追放され、島原の乱（百姓一揆は原城跡にこもる・農民軍三万八千）が起こった。1636年にポルトガル船を全面的に禁止した。

《鎖国船》日本にくる貿易船はオランダと中国だけになり、貿易港は長崎1港に限られることとなった。また、オランダ船は長崎入港ごとに海外事情を記した報告書を提出した。これを風説書とよび、幕府はこれによって海外諸国の情勢を知ることができた。

［教育機関］江戸時代の教育機関は、藩学、郷学、私塾、寺子屋などがあった。

「藩学」は藩政の危機を救うに足る人材を育成する目的で、江戸後期に多くの藩学校が作られた事情が読み取れる。藩学は、1641年、岡山藩でおこり、{藩学名・花畠教場・設立者・池田光政}で全国に260校を設立された。

「郷学」は庶民教育をめざして、郷学校を設立して、しだいに

諸藩に認められようになった。全国に400校を数えた。

「**私塾**」は一流一派の学風をなした学生を中心に集まった学校が展開する共同学習の場で、それぞれ独特の学風を示したものである。私塾は、1634年近江でおこり、{私塾名・藤樹書院・設立者・中江藤樹} である。豊後日田の成宣園は来学者4000人を数え、幕末の思想家・志士多数を生み、萩の松下村塾もまた維新の志士多数を輩出した。

「**寺子屋**」は、民間におのずと発生した初等教育機関で、幕末にかけて全国的にその数はふえ約1万5000以上の設置がみられる。その規模は生徒数20〜30人程度の小さいものが多く、教育内容は（1科 習字・読み・書き）、（2科 読み・書き・そろばん）であった。

［**庶民文化**］200年以上にわたって平和がつづき都市・商業が目覚しい発展を示して経済力が向上したことによって、都市町民の生活はしだいに向上し、服装は男女ともに華美となり、高級織物の使用や、華やかな色、模様を染めだした着物が広がって流行は激しく動いた。とくに女子の髪型は多彩を極め、年若い女性が島田髷、年増女が丸髷というのを基本としながら、年齢、身分、職業、などに応じて、さまざまの髪型がおこなわれ、女髪結いが流行した。当然、これにともなって櫛、簪のたぐいから、化粧道具、化粧品もさまざまなものが用いられた。

「**食生活**」食生活も多彩となった。料理屋、茶屋、煮売屋、居酒屋、そば屋、すし屋、なども、ぞくぞくつくられ繁昌し、ぜいたくな料理や初物の嗜好も成んとなり、砂糖を用いた菓子も出回り、タバコの流行もめざましかった。

「**住居**」住居もしだいに華美となった。江戸の町屋は18世紀半ばから、瓦葺や塗屋造が防火の意味から奨励され、内部の造作

も贅沢になった。しかし、このような都市の繁栄のかげに、農村は旧態いぜんたるものがあったことを忘れてはならない。

　前述のように、秀吉の「キリスト教追放令」や家康の「禁教令」により、キリシタンの弾圧が行われた。植民地政策（覇権主義）を進めるイギリス、イスパニアにキリシタン禁止令で対抗して、両国を追放した。それは、秀吉、家康の軍事力が有ったからである。

　なお、町人の経済発展はめざましく、学問は成熟し、文学では、芭蕉（1644～1674）や西鶴（1642～1693）・近松（1653～1724）がでて、絵画では狩野派の狩野探幽（1602～1674）や浮世絵の創始者・菱川師宣（1618～1694）が版画での大量生産の道をひらいた。歌舞伎では女方初代団十郎（1660～1704）など、この時代は多くの逸材が輩出された。建築では、日光東照宮の華麗さや茶の湯の数寄屋造（桂離宮）ができた。

　又、秀吉、家康の時代をへて、平和の中で文化を作り、育んできたが、18世紀、黒船の来航で、列強への驚異に直面して、軍事面で劣る日本国は、どう対応したのか。次に記す。

(1) ロシア船の動き

ロシア船

（1739年）陸奥・安房・伊豆の沿岸に異国船（スパンベルグ指揮のロシア探検船）出没につき、代官および周辺諸大名へ監視と警戒を命ずる。

（1771年）ベニョフスキー阿波・奄美大島に漂着、ロシアの対日侵寇を警告する。

（1778年）ロシア船、蝦夷地厚岸に来航して松前藩に通商を

求める。

（1779 年）松前藩ロシア船の通商要求を拒否する。

（1792 年）ロシア使節ラクスマン伊勢の漂流民大黒屋幸太夫らを護送して根室に来航、通商を求める。

（1793 年）目付石川忠房ら、ラクスマンと会い、漂流民護送を謝し、通商に関する国法を伝えて長崎に廻航させる。

（1797 年）ロシア人エトロフ島に上陸する。

（1798 年)近藤重蔵エトロフに大日本恵登呂府の標柱を建てる。

（1801 年）富山元十郎ウルップ島に「天長地久大日本属島」の標柱を建てる。

（1804 年）ロシア使節レザノフ、長崎に漂流民を護送、貿易を求める。

（1805 年）レザノフの通商要求を拒否し、長崎奉行に漂流民を受け取らせ、以後漂流民の送還はオランダを仲介とするべきことを伝える。

（1806 年)ロシア船カラフトに渡来し、オフイトマリに上陸し、クシュンコタンの松前藩会所を襲い番人を連行する。

（1807 年）ロシア船、カラフト・エトロフ島に来航して会所を襲う。又、ロシア船、利尻島に侵入し、幕府の船を焼く。幕府、奥羽諸藩に蝦夷地出兵を命ずる。

ロシア人、連行の番人を通して通商を要求、拒否の場合は攻撃を予告する。神谷勘右衛門らクナシリ島を、近藤守重ら利尻島を巡視する。幕府、箱館奉行を松前に移し松前奉行と改称する。幕府、ロシア船の打払いを命ずる。

（1811 年）松前奉行所クナシリ詰調役・奈佐政辰、ロシア船長ゴロウニンらをクナシリで捕える。

（1812 年）ロシア船、漂流民 6 人をクナシリ島に送還する。

49

ロシア船長リコルド、高田屋嘉兵衛をクナシリ海上で捕える。

（1813年）ロシア船長リコルド、高田屋嘉兵衛らを伴いクナシリ島に来航、ゴロウニン釈放の交渉を始める。ゴロウニンらをリコルドに引渡す。

（1833年）幕府、ロシア人と密貿易を企てた疑いで蝦夷地場所請負商人・高田屋を処罰し、手船等を没収する。

（1834年）東蝦夷地ツカフナイに外国人上陸し、略奪する。

（1836年）ロシア船、漂流民を護送し、エトロフ島に来航。

（1843年）ロシア船漂流民を護送し、エトロフ島に来航。

（1844年）箱館・クナシリなど12ヶ所に守備兵を置き砲台を築く。

（1853年）ロシア使節極東艦隊司令長官プチャーチン、軍艦4隻を率いて長崎に来航する。プチャーチン長崎を去り、再び来航し、国境、通商に関し幕史と協議する。ロシア軍艦北蝦夷地久春古丹に来航し、上陸して兵営を築く。

（1854年）ロシア艦長プチャーチン長崎に再来、樺太境界、和親条約の書簡を残して去る。プチャーチンの乗艦ディアン号、大坂に来航、下田に回航、日露和親条約を下田で調印。下田、箱館、長崎を開港、エトロフ・ウルップ島を国境とし、樺太を両国雑居地と定める。

（1855年）プチャーチン、伊豆戸田村で建造した船で退去する。

（1856年）露使節ポシエット、下田に来航

（1857年）露使節プチャーチン長崎に来航、退去、再来、日露追加条約を長崎で調印。（長崎・箱館で通商許可）プチャーチン長崎を退去。

（1858年）日露修好通商条約

（1859年）露仏英蘭米5ヶ国との自由貿易を許可する。

（1861 年）ロシア軍艦ポサドニツク、占領を企図して対馬に来泊、英艦、幕府に相談のうえ対馬に赴き露艦ポサドニツクの対馬退去を要求する。露艦撤退、対馬事件落着

※対馬と異国船で詳しく説明する。

（1867 年）幕府、ロシアと改税約書調印。

(2) イギリス船の動き

イギリス船

（1796 年）イギリス人ブロートン、海図作成のため絵鞆（室蘭）に来航、翌年にかけて日本近海を測量する。

（1808 年）イギリス軍艦フェートン号、長崎港に侵入、オランダ人2人を捕え、オランダ商館の引渡しを強要、長崎奉行松平康英、引責自殺する。

（1813 年）イギリスのジャワ総督ラッフルズがオランダ商館乗取りのため派遣したワルデナール長崎に来航、商館長ジーフ巧みにこれを拒絶する。

（1816 年）イギリス船、琉球に来航し貿易を求める。

（1817 年）イギリス船、浦賀に来航する。

（1818 年）イギリス人ゴルドン、浦賀に来航し、貿易を要求、幕府これを拒否する。

（1819 年）幕府、浦賀奉行を増し2人とする。

（1822 年）イギリス船、浦賀に来航し、薪水を求める。

（1824 年）イギリス捕鯨船員、薪水を求めて常陸大津浜に上陸し、水戸藩に捕えられる。水戸藩、イギリス捕鯨船と交易の漁

民 300 人を捕える。同年、イギリス捕鯨船員、薩摩宝島に上陸して略奪する。

（1825 年）幕府、諸大名に外国船の打払いを指令する（異国船打払令）。イギリス船、陸奥九戸沖に来航する。

（1832 年）琉球にイギリス船漂着し、東蝦夷地トトホッケに外国人上陸する。

（1843 年）イギリス軍艦、琉球八重山諸島を測量する。

（1845 年）イギリス船、琉球に来航し、貿易を強要する。同年、イギリス測量艦サマラング号、長崎に来航し、測量許可と薪水を求める。

（1846 年）イギリス船・フランス軍艦、琉球に来航する。イギリス軍艦、那覇に来航し、琉球国王に面会を求める。

（1849 年）イギリス軍艦マリナー号、漂流民「音吉」を通訳として同乗させ浦賀に来航、浦賀水道を測量ののち下田に入港して測量する。イギリス船、那覇に来航し、貿易を強要、中山府拒絶する。

（1850 年）イギリス捕鯨船、蝦夷地マヒルに漂着する。

（1851 年）イギリス軍艦、那覇に入港、艦長首里城に入る。

（1854 年）イギリス東インド艦隊司令長官マターリング長崎入港、幕府、日英和親新条約に調印、長崎、箱館を開港す。

（1855 年）イギリス艦隊箱館入港

（1856 年）英公使パークス、鹿児島藩主父子や西郷・寺島らと会見

（1858 年）日英修好通商条約締結。

（1859 年）幕府、神奈川、長崎、箱館を 6 月から露、仏、英、蘭、米 5 ヶ国との自由貿易を許可する。

（1859 年）※ 4 月 11 日、イギリス艦、対馬尾崎浦に来航する。

英軍艦アクテオン号・艦長ワード・乗船員 120 人。食料薪水の補給、対馬の峰、白嶽の登山を許す。浅海湾の測量し、5 月 8 日に退去する。同年 11 月、英艦再び来る。釜山和館主より報、アクテオン号と通商丸 2 隻尾崎浦碇泊す。食料、薪水を求める。

（1861 年）幕府、仏、蘭、露、米、英へ、江戸、大坂と兵庫、新潟の開市・開港 7 ヶ年延期を要請。

（1862）幕府使節・竹内保徳ら「ロンドン覚書」開市開港 5 年間延期などに調印する。

同年、高杉晋作・久坂玄瑞ら品川御殿山に建設中の英国公使館を焼く。

（1863 年）幕府、生麦事件などの賠償金 11 万ポンド（44 万ドル）を英国に交付する。

（1863 年）7 月 2 日、薩摩藩、英艦隊と鹿児島湾で交戦（薩英戦争）

11 月 2 日、薩摩藩、英公使に 10 万ドルを交付して、生麦事件解決。

※生麦事件、幕末、横浜近郊生麦村で起こったイギリス人殺傷事件、文久 2 年（1862）薩摩藩主、島津久光の行列の前を、騎馬で横切ったイギリス人 4 人のうち 3 人を藩士が殺傷、翌年の薩英戦争の原因となった。

（1864 年）幕府、英、仏、米、蘭にパリ約定廃棄を通告、四ヵ国と横浜居留地覚書 12 ヶ条に調印。

（1865 年）英米仏蘭 4 国代表、条約勅許・兵庫先期間港要求のため軍艦で兵庫に来航す。

長州藩、井上、伊藤、薩摩藩の斡旋でグラバーから鉄砲を購入。

（1868 年）英公使パークス、刺客に襲われる。

(3) アメリカ船の動き

アメリカ船

（1797年）オランダ船の傭船（アメリカ船）長崎に入港、1807年まで傭船が続く。

（1803年）アメリカ船、長崎に来航し、貿易を要求、幕府これを拒絶する。

（1837年）アメリカ船モリソン号、漂流民を護送して、浦賀に入港、浦賀奉行これを砲撃する。

（1845年）アメリカ捕鯨船、漂流民を護送し、浦賀に来航、幕府これを請け取る。

アメリカ捕鯨船員7名、エトロフ島に漂着する。

（1846年）アメリカ東インド艦隊司令官ビッドル浦賀に来航し、通商を求める。幕府、拒絶する。

（1848年）アメリカ捕鯨船西蝦夷地に漂着、幕府、乗員を長崎に護送する。

（1849年）アメリカ軍艦プレブル号長崎に来航し、漂流民を受取り退去する。アメリカ捕鯨船員3人、樺太に上陸する。

（1851年）土佐漁民中浜万次郎ら、アメリカ船に送られ琉球に上陸する。

（1853年）アメリカ東インド艦隊司令長官ペリー、遣日国使として軍艦4隻を率い浦賀に来航、幕府、久里浜でアメリカ大統領フィルモアの国書を受領。ペリー国書の回答を明年に延期することを認め琉球へ去る。ペリー、琉球王朝を威嚇し貯炭所建設の権利を獲得す。

（1854年）ペリー、軍艦7隻を率い再び神奈川に来泊、神奈

川で林煒らと交渉を開始、幕府、漂流民保護、薪水食糧給与は承認、通商は決し難き所を回答。日米和親条約（神奈川条約）を締結。下田、箱館２港を開く（下田で批准書交換）。ペリー那覇で琉球と修好条約締結。

　［吉田松陰、下田で米艦に密航を求め拒絶され、翌日捕えられる。］

　（1856 年）米駐日総領事ハリス、下田に来航、幕府、ハリスの駐在を許可する。

　（1857 年）日米条約を下田で締結（下田協約）批准書交換、ハリス登城・将軍に米大統領ピアースの親書を提出。幕府、米大統領親書・ハリスの口上書の写しを諸大名に示して親を求める。諸大名、意見を上申、老中ハリスを招き通商貿易と公使江戸駐在とを許す。

　ハリス、幕府全権の下田奉行井上清直・目付岩瀬忠震と日米通商条約交渉を開始する。

　（1858 年）幕府、勅許奏請のため、通商条約調印の 60 日延期をハリスに伝える。下田奉行井上清直・目付岩瀬忠震、神奈川沖のポウハタン号でハリスと日米修好通商条約および貿易章程に調印。

　（1860 年）軍艦奉行木村喜毅・軍艦操練所教授勝海舟ら、1月 13 日、咸臨丸で米国に向う、サフランシスコ入港、5月 6日帰国。

　遣米特使外国奉行新見正興・村垣範・目付小栗忠順ら米艦で出航、米大統領プカナンと会見、条約批准書を交換。

　（1863 年）長州藩、下関で米商船を砲撃。米軍艦、長州藩砲台を報復攻撃。

（4）フランス船の動き

フランス船

（1846年）イギリス船、フランス軍艦、琉球に来航する。

フランスインドシナ艦隊司令官セツ長崎に来航し薪水と難破船の救護を求める。幕府、セツの要求につき評定所一座・筒井政憲らに評議を命ずる。

（1848年）フランス船、琉球に来航。

（1856年）フランス艦隊、下田に来航。

（1858年）日仏修好通商条約に調印（安政5ヶ国条約）

※オランダ、オールコック・英仏連合軍の北京攻略を報ずる。

（1863年）幕府、英、仏、再国守備兵の横浜駐屯を許可する。

（1864年）幕府、仏行使に横須賀製鉄所建設の援助を要請。

（1865年）仏公使ロッシュ、征長意見を幕府へ提出。

（1856年）仏公使ロッシュ、老中小笠原長行と小倉で会談、老中板倉勝静、ロッシュを兵庫に訪れ征長作戦を協議し、軍艦等購入斡旋を依頼、勘定奉行小栗忠順、仏国クーレーと600万ドル借款契約を結ぶ。

（1867年）将軍慶喜、大阪城で内政・外交についてロッシュの助言を受ける。将軍慶喜、英仏蘭代表と会見して兵庫開港を確約する。

（1868年）英、仏、米、蘭、伊、プロシア、局外中立を布告。

※対馬藩家老、釜山で新政府成立通告書を提出。

(5) オランダ船の動き

オランダ船

（1643年）オランダ人に海外の情報を求める（現在の風説書は翌年のものが初見）

（1670年）長崎代官末次平蔵、模造のオランダ船を品川に廻航。

（1685年）翌年からの長崎貿易の額を中国に対し銀六千貫、オランダ船に対して銀三千貫に制限する（定高批准）

（1733年）蝗害につきオランダ人の出府時期を延期する。

（1795年）オランダからはじめて金銀銭を輸入する。

（1790年）オランダ商館長の参府を5年ごとくとする。

（1797年）オランダの傭船（アメリカ船）長崎に入港、1807年まで傭船が続く。

（1805年）ロシア使節レザノフ漂流民を護送、貿易を求める。幕府、レザノフの通商要求を拒否し、長崎奉行に漂流民を受け取らせ、以後漂流民の送還はオランダを仲介すべきことを伝える。

（1809年）オランダ船の長崎入港中絶す。

（1817年）オランダ商館長ジーフ、日本を去る。

（1826年）シーボルト、オランダ商館長の江戸参府に随行する。

（1828年）書物奉行高橋景保、密かに地図などシーボルトに与え、捕えられる。幕府、シーボルトを出島に幽閉する。

（1829年）シーボルトに帰国を命じ、再渡来を禁ずる。

（1837年）オランダ商館長、アメリカ船モリソン号渡来の事情を報告、幕府対策を協議す。

（1840年）オランダ船長崎に入港し、アヘン戦争の勃発を伝える。

※アヘン戦争（1840 ～ 1842）アヘン禁輸問題を発端に起こった清朝とイギリスとの戦争。1842 年 6 月清朝は大敗し、南京条約を締結、鎖国政策を解いた。

　（1842 年）オランダ船、イギリス軍艦の来日計画を報ずる。

　（1843 年）オランダ商館長、イギリス軍艦の来日計画を報ずる。

　（1844 年）オランダ軍艦長崎に来航し、使節コープス、開国を勧告するオランダ国王書翰を呈する。

　（1845 年）幕府、オランダ国王に返書を送り開国勧告を拒む。

　（1846 年）オランダ船、長崎に入港、国説書と幕府委託の武器・軍艦模型を持参する。

　（1847 年）オランダ船、長崎に入港し、イギリス蒸気船の来日計画を報ずる。

　（1848 年）オランダ船、長崎に入港し、中国派遣のイギリス艦隊の陣容などを報ずる。

　（1850 年）オランダ商館レファイスソーン江戸参府（最後の江戸参府）

　（1851 年）オランダ船、長崎に入港し、太平天国の乱などを報ずる。

　※太平天国、中国清末の 1851 年秘密結社上帝の首領洪秀全が反清を掲げて建てた国。「旧キリスト教・平等社会実現を理想に掲げる」指導者の腐敗、内紛で滅亡する。

　（1852 年）オランダ商館長クルチウス、幕府に東インド総督の書翰を渡し、明年アメリカ使節が来航し、開国を要求することを予告する。

　（1853 年）オランダに軍艦・鉄砲・兵書などを注文する。

　（1854 年）幕府、オランダに下田・箱館を開港。

　（1855 年）オランダ国王、蒸気船スビン号（のちの観光丸）

を幕府に贈る。

（1857 年）蘭国理事官クルチウス、アロー号事件を長崎奉行に知らせ、幕府の通商拒否方針に警告。「アロー号事件」アローは 1856 年、イギリス国旗を掲げたアロー号に対する清朝官憲の臨検と国旗侮辱問題を発端とする、清朝とイギリス・フランス間の戦争。両国軍は北京に入城、1860 年北京条約を締結、（アロー戦争）

（1850 年）オランダ商船長ら 2 人、横浜で殺される。オールコック、英、仏連合軍の北京攻略を報ずる。オールコックやベルクールら、外国人保護を要求して横浜港に退去。

（1863 年）幕府、横浜鎖港を米蘭に提議。

（1861 年）幕府、仏、蘭、露、米、英国へ、江戸、大坂と兵庫、新潟の開市・開港 7 年延期を要請。

（1864 年）幕府、4 ヶ国（英、仏、米、蘭）と横浜居留地覚書 12 カ条に調印。

（1866 年）蘭、英、仏、米と改税約書調印。

（1867 年）将軍慶喜、英、仏、蘭代表と会見して兵庫開港を確約する。

（1868 年）英、米、仏、蘭、伊、プロシア、局外中立を布告。

8. 対馬と異船

（1647 年）天保 4 年、南蛮船が来るとの風聞が間近に迫り厳重な警戒を引く。5 月に黒船近海に現われ、島民はこれを打払わんと為すが逆に長崎方面に向って去る。

（1797 年）寛政 9 年、8 月 24 日外艦朝鮮釜山浦来泊の急報あり、9 月 4 日対馬に達する。即、西海岸警備の為め、樋口美濃、吉賀主膳、60 士を従えて出発し、釜山和館にも守備兵を遣わす。

外艦近海に出没する報あり藩邸旗本の陣立をする。11 月 11 日幕府、大村、松浦 2 藩に加勢を命じる。これを以って福岡、大村、平戸より問合あり、使者の往復を行う。

　（1848 年）嘉永元年、3 月異国船西海に出没すること頻繁に現われる。これを以って、家老平田要、蕃建直人の 2 人に命じ兵を率いて浅海港口を警備させる。12 月 1 日藩主義和、家臣に命じて東西海岸の砲場築造予定地を調査させる。

　（1849 年）嘉永 2 年、正月、異船近海に出没すること 5 回、2 月も何度も出没し、4 月には複来する。藩は大筒仕掛場の位置を近海 25 ヶ所に定める。

　（1850 年）嘉永 3 年、2 月異船、複来出没する。

　（1854 年）安政元年、3 月 15 日・16 日・18 日、4 月 5 日・6 日異船近海に出没す、藩、命じて警戒を厳重にし、先づ阿須の花見壇に大筒場を築く。

　（1858 年）安政 5 年、正月、2 月、5 月に亘り異国船頻繁に近海を出没す。

　（1859 年）安政 6 年、4 月 16 日東海 56 里（220km）の所を通航する船があるとの遠見番所の報告があった。翌 17 日興良郡尾崎浦に入港して碇泊する艦がある。

　18 日開情使・田島造酒允、筆談役・唐坊荘之介等を遣わし之を訪れる。イギリス軍艦、アクテオン号・艦長ワード・乗組員 120 人にして、食料、薪炭の補給を請う旨を知り、すなはち之を与える。なお、白嶽（対馬の峰）に登山等を許し、停泊中、浅海湾の測量を為し、5 月 8 日に退去する。

　【異船来泊の場合の処置法】（1859 年）安政 6 年 5 月 11 日、藩主義和、家臣を使いとし、幕府並び長崎奉行所に遣わし、異船

来泊の場合の処置法を伺い、又、不開港場には異船来泊を厳禁されることを願い出る。7月25日江戸詰家老より、幕府への伺い出に対し、8月22日指令所で解答ある。

《伺い》1. 異国船領海ニ乗入碇泊候節者早速其処之役人出張国所乗組泊之次第手真似相尋応接等は不仕速に到退帆候様相諭滞泊中は番船等相附薪水食料ら相望候はゞ相當相興代料差越候共堅相断可申押而相送候はゞ相議取置長崎奉行所江差出可得御差図候哉。
　〔訳：異国船が領海に這入り停泊した時は、早速そこの役人が出張し、国籍や場所、乗組員が泊まる理由を手真似で尋ね、相手にせず速やかに出て行くよう言い聞かせ、停泊中は番船等を付け、薪、水、食料などを希望し、相当の代価を支払うと言っても固く断り、押して送ってくれば取置いて長崎奉行所へ差し出し、指図を受けるべきか。〕

《司令》開港場之外上陸は勿論寄船不致筈に付其段厳敷申諭無故食料遣候議は見合可尤申難破船等にて事寛無余儀休に候はゞ彼の願い任せ夫々扶助を差加缺乏品は見計相渡旦病人等養生之為上陸運動願出候はゞ是又場所見計歩行差許不取締無之様役人共附添心付其段早速長崎奉行に相届候様可致候。
　〔訳：開港場のほか、上陸は勿論浜に船を寄せないように、その点厳しく言い聞かせ、理由なく食料を与えることは見合わせること。もっとも、ひどく船が壊れていて止むを得ず休んでいる場合は、彼の願に任せてそれぞれ助けてやり、欠乏の品は見計らって渡すこととし、かつ、病人など養生のため上陸し体を動かすことを願った場合は、これまた、場所を見計らって歩行することを許し、取り締まることが無いよう役人が付添などの心配りをして、このことを早速長崎奉行に届け出るようにすること。〕

《伺い》2.上陸遊歩山海測量等は可成る丈可差留候得共協而相望候節は任望可申候哉。

　〔訳：上陸して散策し、山や海の測量などはなるだけさせないようにしているが、それでも測量を希望した時は許可してよろしいか。〕

《司令》上陸遊歩之儀は前條相達候外は厳敷差留可申海中測量等致し候はゞ時宣見計番船差出不取締無之様警衛可仕候。以下略す。

　〔訳：上陸して散策することは前に通知している以外は厳重に禁止すること。海中の測量などをする時は、時機を見計らって番船を出し、取り締まらないことがないよう警戒警護をすること。以下略。〕

　同年11月6日釜山和館よりの報で、英艦再び来たるを知り、問情使戸田総右衛門以下、処員の準備を整えて、待つこと10日朝に致英艦アクラオン号及び道富号（志那人通訳の記せる）の2艘来て尾崎浦に停泊す。11日問情を遂げるに食料品及び水木柴を求める為であることを明にし之を与える。彼前回の如く測量はせず容易に去らず17日遂に事無く退去する。

第 1 部　日本の衛星国・対馬

【露船来泊】

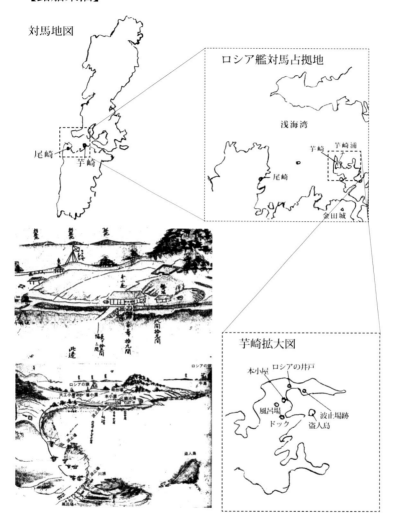

　（1861 年）萬延 2 年（2 月 19 日文久と改元）2 月 3 日午後 5 時異船尾崎浦に入港の報、同夜半藩庁に達する。これに対して戸田惣右衛門を問情使とし、真文役唐坊荘之介等をして翌 4 日尾

崎に急行させ、尚、士民をして沿岸を警備させる。

　５日、問情使、彼の船を訪れる。船名ボサシニツク号、艦長ビリレフ、乗員360人、船の長さ二百十尺（63.6m）の魯西亜軍艦にして箱館より長崎に至る途中風波のため破損を生じなりと称し此地にて修理場所を暫時借用せん事を請えり。この申し出に対して、藩に於いて、藩士の異議あるに拘らず、前々年幕府より、この際に於ける「処置方」の指示を受け居る事と、己むを得ず、修理を許す事に対し問情使一行の中にも強硬な反対者いるのに拘らず、遂に之を許す事を艦長に告ぐ。

　然るに反対論、益々強硬となり藩中不穏となり、問情使を大目付大浦教之助に代えて前の許可を取消さんとし、又一方急便を馳せて幕府及び長崎奉行所に報じ、其指揮を仰ぐ。

　しかし、既に承諾を与えし、後であるので、彼艦長は到底之に応じることは難しく、教之介は遂に取消の発言を為さず。強硬の態度を以って至急修理を終えて退去すべき旨を談じたるが、藩論は沸騰して殆ど制し難きに至る。

　又、問情使を他に代えるが、我が方修理場所の決定を与えないまま、彼ら遂に３月初め湾内を巡行し、自ら樹木を代採し、彼らが選んだ昼ヶ浦村芋崎に於て修理場を建て、次の土地の貸与を求め且つ遊歩区域を拡張の要求を敢てするに至る。是に於て藩当路者の困惑譬うに物なし。加え４月４日露艦の端船。大船越瀬戸を通過して東海に出ようとするが、辛うじて之を芋崎に帰して後、程なく同12日彼らの端船は同瀬戸に於いて、我の制止を無視し遂に我士民との間に大衝突を来し、農民松村安五郎なる者、彼の銃丸に当たり即死し、郷土吉野数之助及び大束清蔵の二人を捕え去り、翌13日更に多数の露人前日の如く、船改番所に押寄せ武器を奪い守衛の番士小川茂一郎、御徒目付村田里之介及び下

番下目付興左衛門を拉へ、又民家に入り牛7頭を奪い去る。等の不法を敢てせり。是に於て一藩の激昂其極に達し、藩主義和遂に開戦の決意を示し、之を幕府並び長崎奉行所に急報する。

　一方に於ては家老仁位孫一郎を昼ヶ浦に近い黒瀬村に遣わし対策に関する総指揮に當らせ、交渉の結果15日には雨度に拉去された5人、16日には武器を送還させる。

　長崎奉行は対州藩の請により、前に書翰をビリレクに送って退去を迫りが要領を得ず此報を得て組頭永持享次郎一行6名を対馬に出張させ5月初め到着、同3日、5日、7日の三回に渡り退去の談判を為すも、彼は総督リハチヨフの命がなければ退去せずとして頑として応ぜず。又幕府は最初露船来泊の報を得て、且つ急出府、対州藩家老の陳述に驚き老中安藤対馬守は外国奉行小栗豊後守、目付溝口八五郎を現察として4月6日対馬へ派遣を命じ、一行は5月7日に到着する。小栗等は出発当時江戸にて聞知した事実の他に其の後頻々と起る露人の暴状に驚き「永持」対「ビリレツ」談判の後を承り5月、10日、14日、18日の3回談判を為したが、亦所期の要領を得ず遂にビリレツに対し5月25日府中に上り対馬守に面会の事を予約し其の他の事は江戸に帰り再下向の時の会見に譲り同20日勿勿（あわただしく）出発帰途に上らんとするに際し、自分限にてビリレフの対馬守謁見承諾の旨は対州藩家老に告げ置き同日芋崎より永持享次郎一行、乗船回航せる。

　幕府、御用船観光丸にて申刻倉皇として府内浦を去れる時に肥前田代の領地より田代役平田大江は本州の防備を憂い領地の士民三百余人を率い、同18日府中に来り警備に就くなど緊張せる状況の中に、同25日ビリレフは去18日本国より来れる軍艦ガイドマク号にて部下を従えて府中浦に入り来る。翌26日馬場筋の宗氏中屋敷にて対馬守に面会し、自身は港より芋崎に帰り軍艦ガ

イドマク号も無事に寄港する。其の後ビルレフは執拗に借地承諾を仁位孫一郎等に迫るも孫一郎の操縦自在なる外交手腕に却つて翻弄せられが如き情況、継続する中に江戸に於ては安藤対馬守より箱館奉行村垣淡路守に命じて箱館駐在露領事ゴスカブイイッチに対し、露艦の対馬退去を談判せしめ、6月10日及び7月3日の二回の会見折衝に依り領事は承諾の意を仄めかし只当時治海州ポスセット港に滞在する魯国総督リカチヨフの意見を聞くのみに迄、進捗し居たり。別に又江戸に於て7月9日英国公使アルコックは同アドミラール・ホープと同行安藤対馬守を訪問し語りて曰く、アドミフールは明後11日発船長崎に行き軍艦3・4隻を率いて対馬に至り露艦の退去を厳談せんと欲すと、対馬守答えて曰く、其件は既に箱館奉行に命じて同地駐在露国領事と談判中に付、別に貴国に依るときは露国の感情如何を恐ると、彼曰く、自発的にて彼に談ずれば日本政府に迷感を及ぼす懼れなしと。是に於てホープは海路西に向かい同18日長崎奉行所に奉行岡部駿河守を訪れ同奉行の諒解を得、対馬守宛添書と通詞一人とを得て旗艦「エンカウンター」号に坐乗、「リングダグ」号を従えて対馬に向い「リ」号をして先ず府中浦に入り便乗の公使館書記官「オリワント」をして藩庁に回航の理由を告げしめ次で共に浅海湾に入露艦長「ビリレフ」に会見し、更に書を「ボスセント」なる露国総督「リカチヨフ」に寄せ強硬に退去を迫り、露艦若し対馬を去らずば英艦は朝鮮巨文島に據るべしと威喝をなしたる結果遂に露の屈服となり、8月18日箱館奉行と露国領事及び露国総督「リカチヨフ」との会見に於て露艦「ボサシニック」号、対馬退去に決し此旨を命令の為、同20日特に露艦「アブリヤグ」号、艦長「ヒウキン」に箱館奉行所より支配定役出役永島3、外2名を乗艦せしめて対馬に向はしめ、23日浅海湾に着したるが、前「ポスセント」よ

り露艦「オブリチニシク」号、艦長「セリワノフ」に托し「ポサシニツク」号は、箱館に向って去れり、是に於て「セリワノフ」は命令に依り現場所在の建物及び材料、器具等を調査し調書を作成して之を対州藩家老仁位孫一郎に預け、終って 25 日「オブリチニツク」号も亦「アブリヤグ」号と共に箱館に向って去れり。

　後 10 月 6 日英艦アルチエルレン号の来て、露艦退去を確かめる。翌年 9 月幕府対州藩に預け置ける材料、物品を長崎に回送するを命じる。同年冬之を運漕して全く難問題の解決を告げる。

　※露艦浅海湾滞泊中、4 月 14 日異船 2 艘亦鴨居瀬浦に入りたるを以て中原狩野介を以て問情せしめたるに 1 艘は 60 人乗し、1 艘は 50 人乗の英艦なり、留ること数日 1 艘は翌日披錨して南下し鶏知、阿須を経て府中浦にも入り、22 日久和沖より壱岐方面に向って去れり。

　是露艦監視の為め長州下関に在り時々本島近海を巡航する者なりしなり。殆ど同時に豆酘にも来泊せる報告、府に達したるに依り、問情使急行到着、既に退帆せるを以って何国の軍艦なりやを知らない。

　1864 年（元治 5 年）6 月 12 日異国船横浦港に入る。藩庁、近頃近海に異船の出没頻々たるを以て之に対する準備を整え居れるを以て直に川本健介を問情使となし、士大将幾度八郎、同鴨孫邦之允の 2 隊を急行させる。村岡相模は濃部村に至りしが、翌 13 日退帆せるを以って何もなく途中より引き返す。

　1866 年（慶應 2 年）2 月日、アメリカ船初めて府内浦に入る。

　1869 年（明治 2 年）5 月 29 日露船尾崎浦に来舶せしが会津浮浪の徒乗組み居るさの風聞頻なりき。

　1870 年（明治 3 年）5 月 2 日ドイツ船初めて厳原港に入る。是馬渡外務少丞の乗組来れるを以てなり。

第2部　維新の足音

　日本国は、徳川幕府の統治により、秩序は維持され、200余年の平和に甘んじ、外敵に備える軍事力は皆無であった。

　欧米諸国は、其々、自国の革命を経て、軍事力（海軍力）をつけ、アジアを植民地化して、幕府に開国・通商を要求してきた。イギリスは、清（中国）との「アヘン戦争」で勝利して香港割譲したことなど、幕府は強い危機感を持ち、欧米諸国に対して異国船打払令を緩和しながら通商を受け入れ、長崎港に加えて開港場所を増やしてきた。

　ロシアは通商を求めながら、一方では侵寇をするので鎖国を貫き、外国船打払令で対抗してきた。幕府は、幕末に政策を見直し、欧米と同一の取り扱いとした。

　(1) 対州藩と長州藩の絆

　1835年（天保6年）対州藩32代藩主義章は、長州藩毛利侯の次女萬壽子を夫人と為す。義章卒去の後、萬壽子夫人は慈芳院と稱す。（この結婚に基づき、対州と長州の勤王を共にする同盟が生れた。）

　(2) 天皇の祈祷

　1850年、外国船頻繁に来航することに心配された孝明天皇は、7社、7寺に外患を除く祈祷された。

　(3) 通商条約・朝廷と幕府の対応

　1858年、幕府、勅許奏請のため通商条約調印の60日延期を

ハリスに伝え、堀田正睦・勅許奏請のため京都に赴く。外交を幕府に委任する勅裁案に多数の公卿が異議を唱え、天皇、条約調印拒否を勅答を正睦に与える。幕府、勅書を諸大名に示して再び意見を聞く。下田奉行井上清直・目付岩瀬忠震、神奈川沖のポウハタン号でハリスと日米修好通商条約及び貿易章程に調印する。

《朝廷条約に反対の理由》孝明天皇の開国、そして条約締結に強硬な反対、それは二百余年「夷萩」に対して国を閉じていた日本が自分の代になって、その威に屈し国を開くのは皇祖、皇宗に対して申し訳ないと信じられていた。又、天皇は自ら攘夷論について次のように説明されている。中国では「賢才」を選んで帝王とするが、日本では「皇統連錦の事、誠に他国に例なく」、「日本に限る事、ひとえに天照大神の仁慮、言葉に尽くしがたく」、そのような代々の天皇が「万世一系の血脈」だから日本は中国より優れた「神州」であり、それだから、欧米との修好通商は「神州の瑕瑾」で「許すまじき事」だというのである。

天皇の考えを知りながら、関白九条尚忠、前関白鷹司政通、伝奏の東坊城らは条約を認めるべしと、勅答案が示されたが、孝明天皇の攘夷の意志は強く、勅答案の取消しをもとめ、上奏文が17名から提出され、その数は88名にまで増えていった。署名者の筆頭は中山忠能で、その中には岩倉具視、姉小路公知ら、其の後の京都政局の中心になる人々が含まれていた。勅答案の立案者、東坊城は辞任し、変わつて、最終の勅答の作成は、三条実方に命じられた。その内容は朝廷として認め難い条約で再考して出直せと言うものであったが、しかし再考しても認められる保証はなかった。

《天皇の書簡》「開港、開市の事、いかようにも、閣老（堀田）上京の上、演説そうろうとも、固く許容これなきよう…愚心（天

皇）において承知致しがたくそうろう…異人の輩、それを聞き入れず、そうらえば、その時打ち払い然るべきやとまでも、愚心においては決心」

孝明天皇の頑なな攘夷論に対して、堀田は条約を断って紛争が起きたらどうするのか、聞いています。議奏を通じて返ってきた答えは「彼（ハリス）より異変（戦争）に及びそうろう節は、是非なき儀と思し召しそうろう」つまり欧米との戦争もやむを得ないと述べている。

堀田は江戸の老中らえの報告で「朝廷は、正気の沙汰とは存じられぬ」と述べている。幕府は、各国との外交を通じて、日本の置かれている立場が弱いことを現実的認識を持っていた。外交の現場を知らず、しかも隔離された朝廷の「雲上」にあった天皇には、「万世一系」の神話に基づいた「神州論」でしか考えられなかったのである。

堀田は幕府内に上洛の強い反対がありながら、なぜ勅許を得る必要があったのか、二年前に老中松平忠固ら和親条約のときは、事後報告で済ませていた。堀田は、なにも語らなかったか、公武合体を目指し、日本国が一体となることを願った行動では、なかったのか。

孝明天皇は勅許もなく幕府が日米修好通商条約に調印したことに怒り、一度は譲位の意志を言明したが、天皇の周囲の説得に従い、まずは幕府の説明を求め、徳川三家の大老の上京を要請したが、幕府はこれを拒否、老中を上京させると回答した。

孝明天皇は天皇の意志に対する幕府の再度の無視に激怒し「戊午の密勅」を水戸藩に発した。密勅は水戸藩に対し、幕府の責任を問い徳川家の扶助し、内を整え「外事へ侮」を受けざるよう周旋すべきというものであった。尚、朝廷は、近衛家を介して、尾張、

薩摩、津の三藩主に、一条家を通して、肥後、備前、土浦の三藩
主に、鷹司家を介して、加賀、長州、阿波の三藩主に、三条家を
介して、土佐、福井の二藩主に勅諚の写しを伝達した。そもそも、
勅諚が関白九条尚忠の裁可のないまま直接の下賜であったことか
ら密勅と呼ばれた。関白九条尚忠は、密勅発給（1858年9月14日）
の10日前に、政務を執るうえで不可欠な内覧の資格を剥奪され
ていた。この密勅によって幕府と朝廷の関係は一挙に緊迫したの
である。このことから安政の大獄が始まるのである。

(4) 安政の大獄

　井伊直弼の弾圧は、密勅にかかわった元小浜藩士梅田雲浜と尊
攘派公家の連絡役を務めた豪商近藤左衛門の逮捕から始まった。
また、密勅を伝えた水戸藩、京都留守居役・鵜飼吉左衛門が江戸
の同志に宛てた手紙が幕府の手に渡り、そこには井伊直弼暗殺計
画が記されていたことから、逮捕者が拡大していった。直弼は青
連院、近衛忠熙、さらに三条実万ら反対派の公家を次々と出家や
謹慎とした。公家に出入していた儒者の頼三樹三郎らも逮捕され
た。その後も14代将軍の継嗣問題で対立した一橋派の徳川慶喜、
前水戸藩主徳川斉昭、越前藩主松平慶永、幕臣では、岩瀬忠震、
川路聖謨など処罰を受けた。

　安政大獄は地方にも拡大した。京都で井伊直弼罷免や徳川斉昭
の処分解除要求の活動を行っていった。「西郷隆盛」も難を避け
て薩摩に戻った。その際、一橋派に協力した近衛忠熙、から僧月
照の保護を依頼されたが、藩主島津斉彬の没後、弱体化した薩摩
藩は難がおよぶことを恐れ、月照を藩から追放しようとしました。
進退極まった西郷は、この月照と錦江湾に入水した。西郷は旧福
岡藩士、平野国臣によって救助されたが、月照は死亡した。しか

し、2人とも死亡した偽り、西郷は奄美大島に潜伏する。

　長州藩の吉田松陰は下田から密航に失敗し、長州藩にお預け
となったが、その後も安政の大獄を指導していた。老中間部詮勝
の暗殺計画を立てるなど過激な言動を繰り返していたため、江戸
に護送され1859年10月に死罪となった。また、松平慶永の側
近で徳川慶喜の擁立などを公卿に働きかけた、福井藩士・橋本佐
内は攘夷に固執する孝明天皇を批判し、開国や外国との貿易促進
など自論を展開したが、1859年10月「公儀を憚らざるいたし方、
右始末不届に付」という理由でやはり死罪となった。

　安政の大獄では、広く幕府批判を行なった人物を処罰したが、
不安材料を少しでも排除しようとした結果である。安政の大獄の
処罰者は、公卿、幕臣、諸藩士、儒者、神官、僧侶など100余
人におよんだ。

　(5) 桜田門外の変
　井伊直弼の強圧的な政治手法は、朝廷を取り巻く攘夷派の結束
を強め、特に藩主徳川斉昭が蟄居を命じられた水戸藩家中では藩
の存亡に拘るとして、反幕府への感情が大きくなっていった。一
方、尊皇攘夷の気風が強い薩摩藩でも次第に高まり、在府の水戸
藩士と薩摩藩士の連携運動が具体化になっていった。

　水戸藩側から郡奉行金子孫二郎、奥右筆高橋多一郎、関鉄之助、
野村彝之介らが中心で、薩摩側は、有馬新七、岩下方平らであった。
1860年2月20日、斉昭は過激派に藩命の厳守を命じられたが、
彼らは藩の寺社奉行宛てに脱藩願を提出し浪士となり、後に幕府
から咎められないよう手はずを整え大老暗殺の準備に取りかかっ
た。彼らは決行の日を3月3日と定め次の三点で合意した。

　第1. 大老井伊直弼を暗殺する。責任者は金子孫二郎。

第2部　維新の足音

　第2．高橋多一郎は上京し、薩摩同志の上京を待ち、京都に
義兵を挙げる。
　第3．朝廷を擁して幕府に臨み、幕府改革を断行する。
　1860年3月3日、襲撃の当日は、雛の節句で諸侯が江戸城に
登城する日と定められていた。朝9時ごろ、雪の中を江戸城桜
田御門に向う直弼の行列の前に偽訴状を持った侍が現われ、いき
なり先頭を行く井伊家臣の前で刀を抜いた。さらに一発の銃声を
合図に決行された。
　暗殺には指揮者金子孫二郎と関鉄之助と野村彝之介が補佐し、
行列の前衛を森五六郎が衝き、駕籠脇が乱れるに乗じて井伊大老
を暗殺。直弼の首を持って逃げた有村次左衛門（薩摩藩士）は追
手の手にかかり、負傷、近くの辻番所に大老の首を放り出し、こ
こで自刃した。井伊直弼の首は井伊家に戻った。
　直弼44歳。この事件では直弼方の彦根藩士8人死亡。10余
人負傷した。

(6) 公武合体
　安藤信正は、条約調印問題などで対立していた朝廷との関係
修復のため公武合体政策の推進をはかる。所司代酒井忠義、将軍
家茂と、皇妹和宮降嫁との婚儀勅許の斡旋を関白九条尚忠に請う。
この婚儀に反対の議奏徳大寺公純が辞任した。
　この公武合体とは、孝明天皇の異母妹である和宮親子内親王
と14代将軍家茂との婚儀の提案でした。この奏請に対して朝廷
は、関東をペリー来航以前の状態に戻すなら同意すると返事をし
てきた。和宮に、すでに6歳で婚約した有栖川宮熾に親王がい
たので和宮は家茂との結婚を承諾しませんでした。しかし、和宮
の生母勘行院らの説得に応じ、和宮降嫁を受け入れた。1860年

73

10月18日、朝廷、和宮の降嫁勅許を幕府に内達し、外交については拒絶する。しかし、その後、幕府はプロシア、スイス、ベルギーとの、立て続けに条約を締結した。このことで孝明天皇は激怒し、和宮の江戸行きは一時延期し、1861年10月ようやく京都を出発、江戸に向われた。家茂の結婚式が行われたのは翌年2月11日のことである。

1. 尊皇・攘夷の進め

　尊皇論とは、天皇尊崇思想をいい、朱子学の大義名分論が説かれ、江戸時代に盛んになり、江戸後期になると天皇は幕府より上位にあると考え天皇を絶対視するようになった。

　そのような情勢の中で条約勅許問題がおこり、水戸藩の徳川斉昭や会沢安、藤田東湖らが攘夷論と尊皇論を結びつけた。

　長州藩は［孝明天皇の「勅密」での攘夷論に藩の方針を決定した。］1862年5月〜7月にかけて高杉晋作は幕府使節に随行し、上海に赴き、アヘン戦争に敗れて半植民地化した清国の現状を目の当りにした高杉は列強の威力に驚き、日本も清国と同じ状況に陥ることを危惧し、軍備の近代化の必要性を痛感した。また、高杉は幕府の消極的、対外政策に不満を持ち、攘夷運動に加担していくことになる。

(1) 対州藩の勤王の初

　朝廷から大藩に「密勅」が発給され、天皇の意志を知った対州藩では、政界が不安定となっていった。それは関が原以来、対州藩は幕府の庇護を受け、幕府の親藩であったが、雨森芳洲の尊皇主義の教育を受けたことに起因する。

第2部　維新の足音

　対州藩では、政治を建て直すために、一定の方向を示す必要があった、それが、長州との勤王の同盟であった。この同盟の発案者が村岡近江、古川治右衛門、幾度八郎、大浦遠等で、宗義章の未亡人慈芳院を介して内交を進めてきた。

　1862年（文久2年）9月27日、江戸深川六間堀の慈芳院夫人（長州藩毛利侯の次女）邸に於いて毛利の世子定広（後の毛利天徳）を招き、会見が行われた。

　長州藩：毛利登人、周布政之助、小幡彦七、桂小五郎（木戸孝允）

　対州藩：幾度八郎、大島友之允、多田荘蔵。

　翌28日には答礼として、幾度八郎が毛利邸を訪うた。同月30日に桜田長州屋敷で第二回の会見が行われた。

　長州側：根来上總（家老）、清水美作（家老）、毛利登人（目付）、小幡彦七、児玉惣右衛門、井上小豊後、周布政之介、来島又衛門、中村九郎、桂小五郎、佐久間佐衛門。

　対州側：岡村近江（家老）、古川治右衛門（家老）、幾度八郎（目付）、大浦遠、斉藤佳兵衛、大浦作兵衛、多田荘蔵、樋口謙之亮、大島友之允。

　第1回、第2回とも正式の会見であり、両家の同盟が成り、行動の一致を約し天下勤王、魁たるを誓う。

　[攘夷の初]

　1862年12月12日、品川御殿山に建設を進めていた、イギリス公使館を高杉晋作、久坂玄瑞、品川弥次郎ら襲撃して全焼させる。

(2) 朝廷、対州藩へ「勅書」と「御沙汰書」

　1863年（文久3年）正月3日、対州藩に勅書を賜る。是より先、西洋諸国相踵で通商を我国に求めるを以って幕府これを朝廷に而して未だ勅裁なきに拘らず、擅に条約を締結し通商を許した

75

るを以って久しく雌伏其機を持てる天下勤王の士、大に奮起して
京都に集まり、雨森芳洲以来、伝統的尊皇主義を奉ずる対州藩士、
亦これに加はる。乃ち相共に幕府の罪を問わんことを請いしかば、
朝廷は将軍家茂を召し、且つ、鎮西諸藩に勤王の勅諚あり、特に
対州藩に対し議奏坊城大納言より詰居の藩士を召し次の勅書及び
御沙汰書を賜る。

《勅書》正月３日、今度攘夷之決議に至其藩之議絶海之孤島本邦
守邊之要地實備緊要候廼尽忠報国周旋有之度候事。
　　［訳：正月三日、この度攘夷の決議となった。対馬藩は絶海の孤
　　島で日本を守る要地として実際に役立つ準備をすることがきわ
　　めて大切である。すなわち天子に真心を尽くし、国家の為に報
　　いるべく藩としてまとまっておくこと］
《御沙汰書》就攘夷御一定者皇国御安危實不容易儀全国一和一団
叡慮於無廼難相成一同合心戮力尽忠有之度其藩豫て亦心報国之聞
有之候間殊御沙汰候事。
　　［訳：攘夷の方針については、皇国の安危は実に容易ではないと
　　いう状況下で、全国で心を一つにし一団となって叡慮がなけれ
　　ば成功しない。一同心を合わせ力を合わせ忠を尽くすよう願っ
　　ているが、対馬藩ではかねてから真心報国の聞こえがあるので
　　特に御沙汰する。］

　此の勅旨及び御沙汰書は藩士樋口謙之亮、大島友之允拝受し
謙之亮昼夜兼行東下して江戸に在る新藩主義達に達したり。義達
乃ち京に上り、攘夷祈願の為の３月11日、加茂及び４月11日
の男山幸に扈従す。

第2部　維新の足音

(3) 攘夷祈願

1863年3月、14代将軍家茂が229年ぶりに上洛は、和宮降嫁のときの約束であった。攘夷決行に対する返答をするためであった。京都では上洛する将軍に攘夷決行を確約させようと尊壤派が到着を構えていた。家茂は3月7日には御所に参内し、孝明天皇より「国事行為は事柄によって朝廷が関与する」旨の詔勅を受け取られた。3月11日、孝明天皇は攘夷祈願のため将軍家茂、徳川慶喜、老中、公家らを随行させ京都の下鴨・上賀茂神社に行幸された。さらに、その1ヶ月後に今度は石清水八幡宮へも行幸され、こうしたこともあり、幕府は攘夷決行の日を5月10日と返答せざるをえなかった。

(4) 京都に於ける対州藩の活動

1863年5月5日、藩主は東山双林寺の本陣に於て、在京藩士の会議を開き以て、時局に対する藩議を決せんとす。

［会する者］仁位孫一郎、幾度八郎、平田大江、大浦教之助、平田主米、大浦作兵衛、多田荘蔵、森川玉城、濱田孫三郎、大島友之允、樋口謙之亮。

次で同月9日、在京の要路者御国事賭を召集して詰問す。

［会する者］仁位孫一郎、幾度八郎、平田大江、大浦教之助、大浦遠、大島友之允、樋口謙之亮、多田荘蔵、扇源左衛門、青木晟次郎、勝井五八郎。

此の会合の結果一部の士の進言に依り藩主義達、自ら二條城に登営し、将軍家茂に謁して具に時局に対する其陳をなす。義達17歳、諸臣基胆気と賢明を稱す。

※この藩議で、幕府の勝井派、勤王の大浦派に分かれて来る。

(5) 攘夷実行

　長州藩は攘夷戦争に突入した。いわいる奉勅攘夷期の1863年5月10日の攘夷決行の日を期して、長州藩は外国船に対する砲撃を開始した。5月10日には、米国船ペムブローグ号に対し、5月23日にはフランス艦キンシヤ号、5月26日には、オランダ船メデュー号、このことを5月27日に久坂玄瑞は朝廷に報告した。

　しかし、欧米側も報復に転じ、6月1日には米艦ワイオミング号が下関に来襲し、亀山砲台を猛撃し壊滅。軍艦癸亥丸大破・庚申丸撃沈・壬戌丸沈没と大きな打撃を受けた。

　6月5日には、フランス艦タンクレード号とセミラシス号の二艦が下関に来襲し、前田、壇ノ浦の両砲台を占拠、250人を上陸させ備砲を破壊し、弾薬を懐中に放棄したのである。こうした長州藩の攘夷実行に対して、朝廷は天皇が嘉納したと告げ、また、列藩に向けて国を挙げて決戦体制をつくるよう指示された。この指示を具体化するため、6月14日には国事寄人正親町公董が攘夷監察使に任ぜられ、長州をはじめ西国各藩に派遣されたのである。長州としては一藩だけで攘夷を行うというつもりはなく、奉勅攘夷の体制のもとで、朝廷を中心とする日本の総意に従うという考え方であった。

　それ故、長州藩は正親町監使に対し、筑前、佐賀両藩に長崎鎖港を実行させるように要請した。しかし、欧米の報復攻撃で、甚大な被害を受けた長州藩の攘夷決行は、欧米の軍事力の前に打ち砕かれ、怖れをなした諸藩は傍観を決め込み、攘夷実行のため上洛した将軍家茂も江戸に帰ってしまった。

《奇兵隊の結成》

　高杉は実践で役立たない藩の正規軍みて、これと異なる有志に

第2部　維新の足音

よる「奇兵隊」を組織しようと考え、藩主毛利敬親もこれを承認し、高杉は、ただちに結成に向けて動きだした。まず、下関の豪商白石正一郎から資金援助を始めとする協力を得、農民、町人など庶民が半数を占める門閥の枠組みを越えた軍隊が組織された。それが奇兵隊である。戊辰戦争の対幕軍として活躍し、70年に解散した。

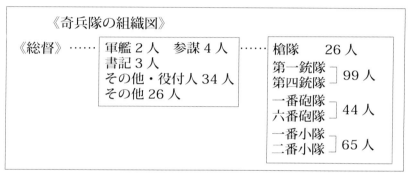

《薩英戦争》生麦事件の対応で、イギリス代理公使ニールは薩摩藩の謝罪と犯人の処罰を請求したが、薩摩藩はこれを拒否し、交渉は難航した。

1863年6日、ニールは東インド艦隊司令長官キューパー中将とともに鹿児島港に入り交渉を待ちますが、一向に対応しない薩摩藩に業をにやし、7月2日薩摩藩の蒸気船3隻を拿捕。折からの台風の中で薩摩とイギリスのあいだで薩英戦争が開始された。

イギリスの軍艦にはアームストロング砲などもあり、軍事力に勝るイギリス軍によって薩摩の砲台のほとんどと、集成館が破壊され、鹿児島市街の一部が焼失した。

［和平交渉開始］その後、薩英のあいだで和平交渉が行われ、薩摩藩は賠償金2万5000ポンド支払いと犯人の処罰を確約した。薩摩藩は幕府から借り入れて支払う（薩摩藩はこの賠償金を

踏み倒し幕府に返さなかった）、この戦いで薩摩藩はイギリスの艦砲の威力に驚き、攘夷の無謀さを感じていた。以後、薩摩藩は本格的洋式軍備をととのえる一方、イギリスから軍艦を購入することも決定する。

　［イギリス側の被害］1863年7月2日、イギリスは旗監である蒸気フリケード船ユーリアラス号を始め7艦で構成。しかし不用意に薩摩藩の砲台に近づいたため、旗艦ユーリアラス号が直撃を受け、艦長ジョスリング大佐と副長ウィモット中佐が即死したのを始め、死傷者60余人におよんだ。

　《対馬人の尊皇行動》1863年（文久3年）8月7日、是より先、保佐（法者、神主）繻縅渉、藩士永瀬新助に関する嫌疑を以て、藩を脱し、京都神道家吉田に投じ、鷲尾家の参謀となり、300人を率い、中山忠光等と錦旗を大和五條に翻し、幕府代官所を襲い代官等を誅し、陣屋を焼き天誅組と称す。而して渉、軍資金申付の罪に座し、対馬に送られ田舎に謫せられて死せり、是本島（対馬）人勤王行動の初発なり。

　《天誅組の変》1863年8月13日、攘夷決行祈願のため、孝明天皇の大和行幸の詔が下された。この行幸を機に倒幕をはかるため、土佐の吉村寅太郎、備前の藤本鉄石らが、公卿中山忠光を擁して組織した勤王攘夷派の集団が天誅組である。大和国五條に入った天誅組浪士は17日に代官所を襲撃しますが、［8月18日の政変］がおき天皇の大和行幸も中止となり、孤立無援となった。その後、天誅組は各地を逃亡し、9月24日の戦いで壊滅する。

　同じころ、三条実美は、天誅組の決起を思いとどまらせるため、元福岡藩士の平野国臣らを大和に派遣したが、すでに代官所襲撃は終っていた。

　《8月18日の政変》会津藩と薩摩藩と中心とした公武合体派

は中川宮朝彦親王を擁して朝廷における急進的尊皇攘夷の一掃を計画。中川宮が天皇を説得し、8月17日には天皇から長州派の排除の密命が下ったのである。

翌8月18日には、会津、薩摩藩を中心とする諸藩（淀藩、徳島藩、岡山藩、鳥取藩、米沢藩等）の兵が警備する中、中川宮、松平容保、近衛忠煕（前関白）、二条斉敬（右大臣）、近衛田忠房父子らが参内し、在京の諸藩主に参内を命じるとともに、三条ら急進派公家に対し禁足と他人面会の禁止を命じ、大和行幸の延期や尊攘派公家や長州藩藩主毛利敬親、定広親子の処罰を決議した。長州藩は堺町御門の警備を免ぜられ、京都を追われることになったのである。三条実美ら尊攘派公卿は洛東の妙法院に移り、ここで協議の末、長州藩へ逃げることを決定した。翌、8月19日、朝、雨の降る中、三条実美、三条西季知、四条隆謌、東久世通禧、壬生基修、錦小路頼徳、澤宣嘉の公家7人は失脚した長州藩兵千余人と長州へ下ったのである。

2. 対州藩・長州藩の動き

1862年（文久2年）9月27・30日、対州藩、長州藩の会見で勤王の同盟が結ばれた。その間、朝廷と幕府の関係は著しく変化し、この同盟によるリスク（危険）を回避するため、対州藩では［元治甲子変］がおこり、勤王の藩士111人が粛清され、90人が靖国神社に合祀された。この粛清は対州藩の悲劇で、明治の中央政府の要職に薩、長、土、肥の四藩が独占し、対州藩から登用されなかった理由の一つに、対州藩の「甲子変」により、失われた人材が上げられる。

(1) 対州藩、長州藩の為に動く

1863年、冬、これより先、5月10日長州藩、外国船、船艦を砲撃して、先ず攘夷の火蓋を切った。これを聞いた対州藩の志士は奮激して意気旺盛となるが、「8月18日の政変」で、朝議一部変更し、忽ち、長州藩の禁門守護を罷免され、中納言三条実美以下同志の諸公卿、長州に走る。是に於て、同盟者たる対州藩は奮って長州藩の雪冤及び同藩士の庇護に力行し、特に樋口、大島の奔走、著しいものであった。11月長州藩士桂小五郎、佐賀に使し、帰途肥前田代（対州領、現在の佐賀県鳥栖市から三養基郡基山町に及ぶ）を過ぎ、平田大江と会見し、請うに対州侯自ら京都に出で長州藩の為に雪冤の労を取られん事を以てせり。

(2) 対州藩士長州に投す

1864年（元治元年）正月、藩士岩谷藤九郎、小島道勢三郎、毛利勝蔵、青木興三郎、長谷川大助、平井善兵衛等、脱藩して長州に投じ、三田尻の招賢閣に入り、以て攘夷の挙に加わらんとす。

(3) 対州藩へ三条公及び長州侯の使者来る

1864年（元治元年）2月22日、三条公使者、真木菊次郎（和泉守）、池尻茂四郎、及び、長州侯使者、佐久間佐兵衛等来る。藩主厚くこれを過し、前藩主義和、亦之を引見す。是対州長州同盟による。時務、並に攘夷防備の視察の為なり。両使者は、尾崎、芋崎、城山を見て、3月5日使命に対する答を得て帰る。

(4) 日新館を開く

1864年2月23日、藩主宗義茂が時勢に順応すべく、文武興隆並異賊防御御用係であった家老大浦教之助等、議して、学館を

建立し文武両道を振作し、尊王攘夷の大儀を明らかにせんとする。建言を納れ、文武両館を設け、元治元年4月27日に日新館と公示される。

家老古川将監を総裁となし、之を掌らしめ、文館は大浦遠を学頭に樋口平格を教授に内野正久、堀江直介、大谷存を助教に、唐坊数之介、加城大兵衛、内山右馬四郎、樋口軍吾、亀谷造次郎、西村多次郎を句讀師に、大石荘之介を習書師に、牟田隆伯を医学師に、林悦四郎を書記に、又、平間伊兵衛、一宮唯之丞を武館教監に任じ、文館はこの日開館、入学者200人に及ぶ武館は7月20日に開業す。前藩主義和、大いに之を賛し、自邸を以て館に充てる。その後日新館は、甲子の変により、11月3日突然廃止となる。

(5) 三条公の守衛

1864年3月、対州藩、加納節蔵、庄島繁蔵、小宮延太郎、藤正之允、平間為右衛門、寺田初右衛門、吉野弥次右衛門、小田久米介、林悦四郎を山口周坊に滞留する慈芳院夫人守衛として、同地に派遣す。実は同地湯田に客居の三条公以下の護衛の為である。四月に至り、田代（対馬藩領地）在留、梁井直江、八坂恵助、古賀寛治、津田愛之助、岩谷藤九郎、青木興三郎、古賀剛四郎の7士、亦行きて加わる。

(6) 諸藩志士・長州藩の雪冤に力

1864年（元治元年）3月18日、在京諸藩、国事掛有志の士、東山曙亭に会して時局を論議する。是より先、昨年堺町御門の変以来、幕府、大いに長州藩を嫌忌し、今春に至り密命を譜代の諸藩に傳へ、特に征討の兵を起こさせんとする。尊壌の諸藩これを

不可とし、攘夷の1日も安んじべからずを、論じ相議して調停の事に任ずる。

是に至り在京の対州藩士等、会主となり、尾張、水戸、備前、因幡、筑前等14藩40人余士を会したる。当日、対州藩出席者は、樋口鉄四郎、平田大江、樋口謙之亮、多田荘蔵、扇源左衛門、青木晟次郎等なり、但し、平田大江は去る正月8日尊攘の事を以て再び上京を命じられ、2月初旬田代を発し、途次周坊山口を過ぎ下旬に到着したる者なり。

この頃、長州藩有志、桂小五郎妻女と共に大坂対州藩に潜み居りたる。

(7) 日新館派、勝井・大江を忌む

1864年4月11日、大目付早川澤之助、藩命を受け江戸に上ぼる途中、長州を過ぎる際、今春2月、三条公並び長州侯の使者対州に来たりたる答礼を述べる。この時早川及び前に来れる同藩士、庄島繁蔵ら長州藩に対して、勝井五八郎は外戚(藩主の夫人で次期藩主の母で勝井の妹)の権を挟み、大に国是(国家の方針)を妨げ、平田大江父子亦、不当(道理にあわない)の役人であると語る。この事、長州藩野村靖之助より、当時、大坂の対州藩邸に潜み居る桂小五郎の許へ直に密書を以て告げ、五八郎に警戒をするように。桂小五郎これを怪しみて、ひそかに対州藩重役の邸に在る者に問いしかば、五八郎に伝聞して、大いに怒る。

この事、日ならずして、五八郎及び大江は澤之助を詰問して、当時の日新館の状況を知り、田代に帰る両人の意思を硬化させた。

(8) 長州使者再び来る

1864年(元治元年)5月9日夜、長州藩使者・佐久間佐兵衛

再び府中（対馬）に来る。長州藩の使命に曰く。澤三位卿、平野次郎と兵を生野銀山に挙げしが、利あらずして、播磨に潜匿（ひそみかくれる）せる以て幕府の追跡は厳しく、しかして、弊藩（長州藩）亦、薩会（援ける藩）の為の入京を禁ぜられたり、千戈（盾と矛）の動く無きを保せず。一旦砲火相交ゆることあらば、請ふ貴藩の応援あらんことを。又、若し不幸敗戦に至れば七卿及び寡君父子（長州侯と子）を貴藩に煩わし以て難を朝鮮に避けんとす。あらかじめ貴藩の用意を乞うと。

　事体甚だ重大なり。幾度八郎、大浦教之助、幾度伴兵衛等、相議し答えて曰く、万一其事あらぼ日新館生を以て決死、之に応ず可しと、勝井派は是に反対したれども、日新館派奮然として、起ち勝井党の議遂に行われず使者に其旨を答える。

(9) 日新館壮士、宸翰返上を進言す
　1864年（元治元年）5月17日、日新館壮士、唐坊寛作、熊生翼、鈴木鋼之介等、藩庁に至り、藩の尊攘態度鮮明を欠き、当初、藩主の意志の如くならざるは深き理由あるべし、この際、宜しく先に拝受せられたる宸翰を返上し自由の立場に於て勤王するを可とす。

　又、重役一人壮士2、3人を率いて上京し、長州藩の雪冤をなさんことを請える。大意の口上覚書を重役に呈す。重役等、藩の事情を陳べて釈明し、宸翰は返上す可からずとて覚書を却下、尚、願意に就き追て考慮すべしと慰諭して退下せしめたり。この結果、藩は5月21日付を以て政府掛・扇格左衛門、表目付・俵司馬太郎、小姓・内野茂兵衛、その他・仁位右馬四郎、樋口誠作、畑島普十郎、林悦四郎の七士を長州及び京都、大坂間に遣わす。

3. 禁門の変

1863 年の政変で京都を追われた長州藩の尊王攘夷らは、公武合体派の分裂に乗じて再び京都に出兵し、勢力を挽回しようとした。これに弾みをつけた「池田屋事件」の知らせが届くと、長州では藩論が京都に向け兵を進めることを決した。

長州藩の福原越後、国司信濃、益田右衛門介の三家老や真木和泉、久坂玄瑞率いる浪士ら 3,200 余人の軍勢が上洛した。これに対し、徳川慶喜は 1864 年 7 月 18 日深夜から御所での朝議に参列し、長州軍討伐の勅許を要請し、翌 19 日未明、会津、桑名両藩に出動を命じた。そのころ、すでに長州軍は三方に分かれて福原隊は伏見街道を北上し、御所を目指したが、大垣藩兵らに、それを阻止され、山崎方面に敗走する。蘇我天竜寺の国司隊は西から御所に接近して蛤御門に向ったが、門を守る会津藩兵と激突し、一時は御所内に入ったものの薩摩・桑名の援軍により撃退された。

山崎益田・浪士隊（真木・久坂）らは、御所の南堺町御門に向かい、御所の隣の鷹司邸で桑名・彦根藩兵と激しい戦闘におよび撃退され、久坂は自刃し、後詰めの益田隊は敗走した。長州藩兵に巻き込まれれ、総崩れした真木も自刃した。

この変で御所周辺には火災が広がり、大きな被害が出た。孝明天皇はこれに激怒し、7 月 21 日に長州征討を命じられた。

(1) 三条公の守衛対州藩士等、京都に戦う（禁門の変）

1864 年 7 月 19 日、長州藩士等藩主の宥免と三條公等の複官帰洛、願の為の大挙、京に入り闕下（天子の宮門）に進み哀訴する所あらんとするも薩州、会津等禁門守衛の士、拒んで入れず、依て転じて鷹司邸の後門より入り、同公に依り哀訴の意を致さんとす、公すなはち束帯して出でて宣く鎮静命を持つ可なきき旨を

告げ、直ちに入朝せんとするも幕兵途を塞ぐを以て途中より邸に帰る。この時、幕兵一斉に来り攻め門の内外忽ち修羅場と化す。

　対州藩士のさきに三條公以下守衛の為に遣わされたる。小宮延太郎等14人も亦、忠勇隊に編入せられ隊将久坂玄瑞、真木和泉、寺島忠三郎の部下に在り、殊死して戦うと雛衆寡敵せずして死傷算無し、隊将久坂は銃丸が足を貫き、真木も亦負傷する。加之弾丸既（すで）に尽く。是に於て久坂、寺島、及び入江九市の諸将自刃して斃れる。対州藩士青木興三郎、津田愛之助、亦、門の内外乱戦に陣没す。真木及び品川弥次郎等、奮闘して、一方の血路を開き遂に辛うじて日暮に至り山崎宿なる長州藩本営に帰る。是に於て小宮等12士、天王山寶寺に於て真木等に面接して事を議す。

　真木曰く。余負傷既に死を決す。一死以て国恩に報ぜん。卿等是より長州へ帰り、後図を為すべしと悲痛の言を遣し天王山にて自尽せり、小宮等憤然として、山崎宿を出づれば日既に没し、顧みて京都の天を望めば炎焔天を焦す。悲憤の涙を抑えつつ二手に分れ辛うじて大坂に着し、日を経て長州に帰り三條公等の守衛の任務に服せり。

　此事、変突発直前、長州藩隊将・益田右衛門、八幡に在り、福原越後淀に在り、国司信濃天王山に在りしが対州藩士・多田荘蔵及び青木晟次郎等、其間を馳駆して、其議に興かりたりと云う。又、対州藩士の他の者は京都に在りしが樋口謙之亮の令下に在り自重して参加せざりと云う。

(2) 池田屋事件

　土方歳三に拷問され自白した古高俊太郎によると「祇園祭の前の風の強い日を狙って御所に火を放ち、その混乱に乗じて、中

川宮朝彦親王を幽閉し、一橋慶喜、松平容保等を暗殺し、孝明天皇を長州に連れ去る」というものでした。

　新選組は古高の自白により謀議が三條木屋町の池田屋で行われることを突きとめ、7月8日、22時すぎ池田屋に突入、9名を打ち取り、4名を捕縛した。この戦闘で数名は逃走したが、翌朝の市中掃討で新選組は会津、桑名藩と連携し20余名を捕縛した。

　池田屋事件では、吉田稔麿、北添信摩、宮部鼎蔵、大高又次郎、石川潤次郎、杉山松助、等の尊皇攘夷の志士たちが戦死した。桂小五郎（後の木戸孝允）も、この会合の参加であったが、到着が早すぎたので、一旦池田屋を出て対州藩で大島友之允と談話していたため難を逃れている。

　新選組側は近藤隊10名、土方隊24名、松原隊12名の総勢46名の大人数、闘死、自刃あるいは捕縛された尊攘派の志士たちは40余人、捕縛された一般人も池田屋の主人・入江惣兵衛（獄死）をはじめ12人にのぼっている。明治維新後の歴史解釈はどうしても尊皇攘夷派寄りになりがちだが、新選組が京都を火災から救い、テロを未然に阻止したことは事実として、認識されなければならない。

　［大島友之允］1826 ～ 1882（文政9 ～明治15）幕末・維新期の志士（生）対馬国厳原。(名)朝宗、のち、正朝、（号）似水、別名中村信造。対馬国府中藩士。

　安政年間（1854 ～ 1859）から尊攘論を主張、1862（文久2）藩の家老佐須伊織をたおして藩論を覆し、以後大阪留守居役兼国事周旋掛をつとめ、帰藩後大監察側用人の要職についた。

　維新の際は、大阪・京都にあって活躍、その後、征韓論をとなえて1870（明治3）外務省に出仕。翌年藩参政となり、また

韓国派遣を命じられた。のち辞職して九州各地を巡歴した。

　1915（大正1）贈正5位。

(3) 長州藩朝敵となる（第一次長州征討）

　1864年8月23日、孝明天皇より長州藩主毛利敬親及び朝敵長州藩へ追討令が発せられ、これを受けた幕府は尾張藩主徳川慶勝を征長総督に任命し、西南21藩に出兵を命じ11月18日総攻撃に着手することを決定した。しかも35藩15万人もの大軍となり、これを率いて長州征討（第一次）を行うことになった。

　長州藩は禁門の変の敗北と四ヵ国連合艦隊による下関砲撃の敗北が重なり尊皇攘夷勢力が衰えていった。代って藩内では上層門閥士族らが実権を握り、彼らは朝廷や幕府に謝罪し、藩の存続をはかることで動き始めた。そこで長州藩は、征討の動きに対して恭順の意を表明し、征長軍との交戦を回避しようとした。まず、11月14日には長州藩の使者が、益田右衛門介、国司信濃、福原越後、3家老の首級を備え広島の国泰寺に来訪、幕府大目付・永井尚志、総督名代・成瀬正肥が首実検を行う。また、長州側使者は、この場において4参謀（宍戸左馬之助、佐久間佐兵衛、竹内正兵衛、中村九郎）は二日前、野山獄で処刑したこと、3参謀（久坂玄瑞、寺島忠三郎、来島又兵衛門）は既に禁門の変で戦死したことを報告。このため、とりあえず征長軍の11月8日に予定されていた総攻撃を延期、さらに長州藩主の伏罪状、山口城の破却および三條実美5卿の他国移転と、その従士の処置を要求する。

　これに対し長州藩は11月19日山口城を破却、藩主父子は目付旅館に参上し、謝罪する。残るは5卿の移送のみとなり、征長軍参謀の西郷隆盛の奔走により、大宰府移送が決定し、1865

年2月13日に大宰府天満宮に入る。長州藩の謝罪書の提出、幕府はこれ以上の処分を行わなかった、これは西郷隆盛の意見に従ったのである。

4. 対州藩の元治甲子の変

対州藩の甲子の変は、なぜ起きたのか。それは禁門の変で御所周辺で火災が広がり大きな被害が出た。孝明天皇はこれに激怒され、7月21日長州征討を幕府に命じられた。

対州藩では、長州藩との勤王の同盟を結んでいめこと。長州藩は、中川宮の画策で（8月18日）の政変がおこり御所の警固を罷免され、御所への出入が禁止されたこと。対州藩は長州藩の雪冤を各藩に働きかけたこと。禁門の変で対州藩士14名（内2名戦死）が参加したこと。など、対州藩の存続には勤王の士を粛清することであった。

平田大江は、近藩に名だたる勤王の士であるが長州藩の形勢の激変を知り勝井五八郎に報告、相談する。五八郎、大江は宗家一族の意を受け、藩の存続をはかるため、1864年9月20日、五八郎等は、家老（古川将監、平田為之允、村田相模、古川妥女、大浦教之助）連名宛、大江、五八郎両人の日新館派弾劾の内密状を作り、1864年9月29日、五八郎自ら鑓刀を携え、蔦田徹介、内野喜一朗、阿比留喜助、梁田三郎兵衛、占野儀十郎、毛利庄一郎、今村為介、梁井富次郎、占野民作、村山亀太、天本兵五郎、梁井鉄五郎、野田武三兵衛、原新蔵、古賀喜平太、篠原藤太、白水正八、加藤松蔵、緒方祐一郎、六平治、喜平治、勇吉、伊太、恒平、清七等、26人を率いて田代を出発し、10月13日船は府中の浦に着く。佐賀藩士と称し、西の浜の御上より上陸する。御上りは

藩主乗降の埠頭である。

1864年（元治元年）10月13日に上陸した勝井五八郎の武装集団は、帯刀、白鉢巻、抜身の鑓を携え、殺気に満ちた一団で粛々と大町通りを行行し、観る者は目を見張つて驚き、これが入国のありさまである。

五八郎の藩邸に入るや大いに外戚の威を振るい若冠（18歳）の藩主を擁し己に服せぬ者には謁見を許さず、且つ、厳命を下し日新館を始め総て自己の意に反する者に対し、先ず、差控を命じ次に捕えて獄に投じて刑に慮し、或は郷村に配謫する等、其挙の急速なること実に迅雷耳を俺ふに、違なきが如し。而して自党の士を悉く重用して要路を充つ。

惨殺、拷問、殺害と、勤王士の弾圧が続き、無政府状態となった。甲子の変の殉難者は111を数え、その最期は、自刃28人、暴殺18人、切腹13人、斬首9人、斬殺7人、等となり、勤王の故を以て靖国神社に合祀された対州藩士90人である。

(1) 日新館と五八郎・大江の対立

藩主義達の生母は、勝井五八郎の妹（タミ）である。五八郎は永く侍として忠勤に励み、義達が藩主を継ぐに及び、大小姓より、御馬廻150石、執政務、御用人席、大勘定と要職を務め、威権がようやく盛んになって行く。

政権の中枢にいる大浦教之助らは、これを快しとせず、五八郎に厳しく当たっていた。五八郎は藩政を自由にしている教之助等から、政権争奪を考えるようになり、第二の藩邸として機能する日新館は勤王の名の下に、藩主の命令も聞かない教之助派を快しとせず。もともと五八郎も尊皇主義者であったが、藩主を蔑ろにする日新館壮士に対して、藩が多年に亘り幕府より受けたる恩

顧を思い幕府に肩入れする様になっていった。

　然るに教之助は由来至誠な勤王の偉丈夫にして、日新館派志士の統領である。常に長州藩と気脈を通じ、両藩同盟の約を守るに忠実である。教之助は、誠実であるが故に情勢に疎い面があり、五八郎との権力争いに明け暮れ、五八郎に不満を持つ幾度八郎と相謀り、密かに五八郎を退ける為、時機を待つ。この事を対州藩大目付早川澤之助が長州藩に告げ、長州藩の桂小五郎から対州藩の重役に確認があり。五八郎の知るところとなる。

　時に五八郎、田代役大江と共に大坂に於て、早川澤之助を詰問して大浦党のこれ等に対する態度を知り大いに怒り、腹心の徒、八坂順之助を以って刺客と為し、先ず、教之助の長子作兵衛を京都に殺す。教之助、報を得、切歯して怒り順之助を帰らしめ捕えて獄に繋ぐ。また、対州藩に在っては、日新館派の勢力は日増しに旺盛となり、その勢の赴く所、壮士の中に往々に激越し常規を逸脱する言行あり、世人の悪評を招に到る。然るに、これに反して勝井党の気勢全く揚らず。藩主この近状を憫笑するに至る。

　時に６月２６日、五八郎、大江の両人は藩主の内命（内命の理由は、大浦党と勝井党の衝突を避けるため）に依り急に帰って田代に在り、吉村郡兵衛等、密書を五八郎及び大江に送って対州に於ける情勢を報じて、その対応策を迫り、且つ速やかに帰州して地盤を固め、而して、大いに活動すべきを告ぐること切なり。

　大江は由来、資性、俊敏、機略に富み、且つ勤王の士である。而して、これを標榜して、あらかじめ九州方面、有志間に重きを為す。さきに京都・大坂から帰るや五八郎と共に思う所あり、常に対州の情勢に注意を怠らず、前に益して広く、九州諸藩の同志と交わり奔走に勉むといえども、対州に在ては勢力微々して振るわず。時に長州藩の形勢激変を告げ既に幕府征長の軍を発す。而

して長州藩に罪を謝して降伏を請はんとし対州藩、亦、同盟の禍の及ばんことを畏るるに至り、物情は懼れるとおりである。

　是に於て五八郎及び大江は共に対州に還り時局の善処を為さんが為、大浦党の勢力を抑えんと、これを謀り共に決行の途に上らんとするに及ぶ。思う所ある大江は俄かに病と称して田代に止まり五八郎をして出発する。

(2) 高杉晋作と長州藩（勤王復帰）
　高杉晋作 1839 〜 1867（天保 10 〜慶應 3）年、幕末期の志士 [系] 長州藩士、高杉小忠太の子、家禄 150 石 [名] 春風、字は暢夫、通称晋作・東一・和助、変名は谷梅之助・谷潜蔵、号を東行・西海狂生・東洋一狂生。

高杉 晋作

　高杉は 1839 年 8 月 29 日毛利藩士高杉小忠太の長男として萩城下で生れる。藩校明倫館に学び、吉田松陰・松下村塾に 17 歳で入る。松陰は高杉の才能を見抜き、一つ年下の久坂玄瑞と競わせた。「高杉晋作は鼻輪も通さない放れ牛・久坂玄瑞は政庁に座らせておけば堂々たる政治家」と評している。

　高杉は 1861（文久 1）年、小姓役に進み藩主に従って江戸に出、長井雅楽の航海遠略策を批判、また信州の佐久間象山と出会い「外国を見なければならない」と教えられ 1862 年 22 歳のとき幕府使節団の随員として上海に赴く。高杉はアヘン戦争に敗れ半植民地化した清国の現状を知り、軍備の近代化の必要性を痛感して帰国した。

帰国直後に長州藩の尊攘派同士久坂玄瑞等と品川御殿山の英公使館焼打をし江戸から逃れた。高杉は京都で落髪し、隠遁するが1863年藩主から馬関における攘夷実行を命ぜられ奇兵隊を組織して外国勢と戦う。

同年8月18日の政変で京都を追われ、その挽回を策して追撃を主張する来島又兵衛らを制止しようとし、かえって京坂へ出奔して脱藩の罪を問われ野山の獄入りとなる。高杉は1864（元治1）前年の攘夷への報復である四国連合艦隊の下関砲台占拠の講和の使者に起用された。9月8日には講和交渉が開始され、高杉晋作正使、伊藤博文と井上馨の通訳のもとで長州は四国連合艦隊側のすべての要求を受け入れ交渉は締結した。

《締結内容》①下関海峡の自由通航を認めること。②薪水糧食の給与と避難者の上陸を許可すること。③砲台の新造または修理は行わないこと。④下関市を焼却しなかった報酬及び戦費を支払うこと。これを受け入れた時から長州藩による事実上の攘夷政策の放棄であった。

禁門の変後、幕府の長州征伐に敗れた藩が和議を進めたことに反対した高杉も、当然、処罰の対象になり、萩を逃れて、博多に隠れ反撃の機会を待ち、1864年12月16日、高杉は伊藤博文とともに遊撃隊、力士隊をもつて挙兵、下関会所を襲撃、占拠したうえで三田尻に寄り藩艦癸亥丸を奪い諸隊追討軍を組織した。

1865年に入ると当初襲撃に参加しなかった奇兵隊も加わり1月6日山形有朋の指揮のもとに藩主の命じる追討軍を潰走させた。その後、伊佐に駐屯して御楯隊も加わり、井上馨が指揮する鴻城隊も合流し、追討軍と激戦が繰り広げられ、諸隊が勝利を確実にする。

藩庁でも高杉の側に立つグループが指導権を握り1865年2

月 27 日には藩主自らが、山口に出向き諸隊総督を引見、高杉晋作のクーデターは成功する。高杉晋作、前原一誠、井上馨、野村靖等の罪を許され、投獄されていた村田次郎三郎、波多野金吾も釈放され、禁門の変の責任者として処刑された参家老の家も再興を許された。長く但馬国出石に潜伏していた桂小五郎も長州に戻ってきた。3 月 15 日長州藩、諸隊を再編成し、軍改革に着手・総責任者として、村田蔵元（益次郎）を中心に近代的軍事体制が確立した。桂小五郎は 5 月 13 日に藩主に謁し、これ以後、桂は長州藩の代表的指導者として活躍する。

(3) 平田大江の決断

1865（元治 2）年、田代に在る大江は、三条公及び隣藩に対して、勝井五八郎は勤王の士を暴殺し、対州藩を全て佐幕化している。故に国論挽回の為め、使節の渡海を請う。是に於て、2 月 13 日長州侯使者を初めとして、三条公、筑前侯、薩州侯、松浦肥前守、大村丹後守、毛利讃岐守、回天隊等の使者、続々到来して、其の理を資す。藩其応答に苦しむ。而して回天隊士の如きは、永く滞在して藩の行動を監視する態度を取る。勝井暴殺の手を多少緩和し秩序回復を速ならしめたのは、この使者の力によるものである。

対馬藩士の明治維新

《使者来藩の記録》

1865・月・日	藩　名	使　者　名
2月13日	長州侯	竹田航太郎　外3人
3月19日	長州侯	福原亀太郎・野村靖之助・山田熊之介 外9人
3月27日	筑前侯	中村到・尾崎惣左衛門・森甚力作　外11人
3月27日	長州侯	児玉少輔・竹田航太郎・岩崎新介　外5人
4月2日	三条公	幡島弾正・佐々木将監・櫛田速男
4月2日	回天隊	斑鳩武（北畠四郎後治房）・青柳縫殿・ 安達直樹・松浦弁之介・伴林太郎・川辺昇・ 吉田一・神部遊馬・石田次郎　外17人
※5月2日	対州藩士	勝井五八郎　誅される
5月3日	松浦肥前守	志自岐楚右衛門以下5人　牧山多吉郎 外4人
5月3日	三条公	回天隊青縫殿・松浦虎之助・伴林太郎・ 石田次郎
5月3日	薩州侯	染川五郎左衛門・大脇弥五右衛門・ 星山弥之助
5月6日	長州侯	児玉若狭・山本登雲介・飯田小右衛門
5月8日	長州侯	天野勢輔・児玉少輔・福原亀太郎・ 野村靖之助
5月8日	毛利讃岐守	坂本恕八郎
6月19日	薩州藩	有馬英之助・星山矢之助　外6人
6月23日	筑前侯	尾口總助・尾崎惣左衛門・森甚力作 外12人
6月28日	長州侯	多田辰三郎外7人　　井原小七郎・ 従者飯田隼人・波多野久太郎、長岡清輔・ 政事堂内用岡松平七

　※五八郎の誅に伏し、大江、直ちに帰るも藩は大江を用いず、藩意はどこに在るのか、疑わしきものである。しかも、これを資し且つ大江以下の勤王の志士を採用し、藩として勤王の初心に復せしめが為に来る使者多く、遂に其目的を達することとなる。

(4) 大江父子の死と脱藩者

　平田大江は対州藩の存亡の危機と感じ取り、勝井と行動を共にしたが、前述の通り、高杉晋作のクーデターの成功で、長州藩の佐幕から勤王へ復帰したことを目の前にし、勤王の士として、九州諸藩に重きをなす大江を揺り動かした。それは、勤王の志として、自分を取り戻す為でもあつた。大江は、尽義隊を結成し、総監平田大江、隊長平田主米（大江の子）、多田荘蔵、庄島繁茂、小宮延太郎以下65名である。博多商人石蔵卯兵、伊藤天衛門等が軍資金を請持ち、長州で調達した大砲二門、洋銃壱百挺をそろえ、軍容、侮り難いものがあった。3月20日壱岐勝本に滞在して、諸藩使節の談判の結果を待った。五八郎5月2日に殺害された後、大江は5月6日に帰国して隊伍を整えて城下に行進を開始し、一隊は下馬場筋の大江邸に入って守備を固めた。諸藩使節の斡旋で、大江父子は職に復したが、間もなく差控えを命じられ、11月11日大江を連行途中に上意討となり、その子主米も翌12日自裁して果てた。平田大江が上意討された、その日、藩主の意を知り、危険を察知した勤王の志士、多田荘蔵、吉野槇兵衛、小宮延太郎、小宮久米介等、急ぎ出航の準備し、府中の東岸奈多連より長州に走り下関の奇兵隊に入る。

　大江の上意討は、対州藩の勤王運動は終りを告げる。そのことは九州諸藩は面目を失い、対州藩に対して不審を招く結果となった。しかも、大江の死から四ヶ月後、勝井五八郎を誅に追い込んだ樋口謙之亮も暗殺された。これは大江や樋口の勤王回帰を対州藩に求めたが、歯車は回る事無く、歴史的な時間の中に沈んで行き復活することはなかった。

(5) 薩長軍事同盟（互恵経済同盟）

　薩長連合は亀山社中から始まる。亀山社中は坂本竜馬等が作り、バックは薩摩藩で日本初の総合商社といわれている。亀山社中の主たる目的はグラバー商会が密輸入した艦船や武器を長州藩や薩摩藩に売ることであった。当時長州は第二次幕長戦争を前にして、喉から手が出るほど、最新鋭の武器が欲しい状況であった。グラバーと竜馬にとって、こんな大きな取引はなく、またとないものであった。長州は長崎や横浜の幕府の直轄地から正式に武器を購入することはできず、竜馬は西郷の許可を受け薩摩藩の名義で武器を購入し、これを薩摩藩の艦船、胡蝶丸と海門丸で長州に運んだのである。1865年7月、長州藩の井上聞多（馨）と伊藤俊輔（博文）は亀山社中の仲介でグラバーと会見し、ミニエー銃1300丁、ゲーベル銃3000丁の購入契約を結ぶ。1865年1年で合計1万1000丁のエニエー銃やゲーベル銃が長州に渡っている。一方、薩摩藩では米、特に軍糧米が不足していた1865年10月3日、西郷隆盛から依頼を受けた竜馬は米の備蓄に余裕のあった長州藩に軍糧米の提供を要請し、長州藩もこれに応じた。こうした坂本竜馬と亀山社中を通じた互恵的な経済取引によって長い間、厳しい対立関係にあった薩摩と長州は次第にその関係を改善していくことになり、1866年1月21日京都小松帯刀の別邸で長州藩の木戸孝允（桂小五郎）と薩摩藩の西郷・小松帯刀と仲介の竜馬の4人が密会し、薩長軍事同盟が結ばれた。この同盟は6ヶ条からなっていて、第二次長州征伐で、薩摩が長州に対し物心両面で援助することを約束し、その本質は「商人」竜馬が仲介した互恵的経済取引であった。

（6）対州脱藩志士による薩長（討幕）連合の進め

　対州藩を脱藩して奇兵隊に入った多田荘蔵等は、幕府が再征長の軍を発し、それに対して警戒を厳しくする長州藩を見、これに、どう対処したらよいのか、一定の意見を纏めた。「それは、目下四囲の幕軍を防ぎ、大に天下の事を為さんには、薩長（討幕）連盟をなすに在りとし、これを薩摩の志士西郷吉之助に相談し問いはかる。」こととした。

　是に至り、1866年1月15日、佐野金十郎、小宮延太郎の両人、馬関（下関）を発し、大分中津に渡り、薩州藩と名乗り、間道を経て、長途の苦難をなめ、1月28日、鹿児島に着き、西郷に面会を求める。しかし同士は藩地を出て京に上りて在らず（1月21日、竜馬の仲介で薩長連合のため）。是に於て大久保市蔵（利通）に面接し、長州藩の近状、高杉を以て藩論（討幕）で一定せる等の始終を語って、薩長（討幕）連合の事を説きしば、大久保（討幕派）、其意の在る所を嘉みし、当座の慰労として藩主よりなりとて、金40両を興う。尚、自から近日上京するので両士とも同伴すべしと云われる。両名止ること約7日、薩摩軍艦三邦丸に乗りて大久保に随行、2月5日鹿児島を発し、長崎回り五昼夜を経て同10日大阪に着く。

　直ちに京都に上ぼり薩州邸に至り、西郷と接見して長州藩の情況を具し、薩長連合の大計を説く。西郷曰く、諸君の議論感ずるに余りあり、我藩に於ても和解論者多く、既に頃日、長州藩品川弥二郎（後の内相）なる士、ひそかに来りて当邸に在り、不日必ず諸君の満足を得るに至らん。諸君宜く、暫時当藩邸に滞在し京摂の形勢をも視察されたし。大に両士の意の在る所を嘉みして優待される。其間、在京の薩藩士とも談論し議略を調ふを以て留まること40日、3月19日京都を発して大阪に下る。西郷等途中

警衛として2名（役人）を従はしむ。中村半二郎（後の桐野利秋）等、別を惜しみ伏見まで送り、決別の座席を催し、胸襟を開いて勤王の事を論ずる。翌日大阪に下り薩藩士黒田了介に遇い時局を談ず。黒田曰く、同行して長州に至らんと。乃ち共に一船を出船の用意し薩摩用船なりとし川口を発し、27日馬関に着く。延太郎馳せて山口に至り木戸貫治（孝允）に面して黒田の馬関の船中に在る事を告ぐ、木戸大に喜んで直に馬を馳せて馬関に至り黒田と語り連合の議、大に進むに至る。「慶応2」薩摩藩大久保利通は長州藩木戸孝允と結び薩長連合を成立させ、討幕派の中心人物となる。4月14日、薩摩藩大久保利通、大阪城の老中板倉勝静に征長の非と出兵拒否の書を呈す。

(7) 第二次長州征討
　1865年5月、将軍家茂は大軍を率いて江戸を出発し、大阪城に入り、ここを本陣とする。度重なる長州藩の召喚拒否に対し、9月には朝廷から長州征討の勅許を得る。
　このころ長州藩では高杉晋作ら諸隊による反乱が成功し、再び藩論を討幕にまとめていった。この戦争は「四境戦争」といわれ、大島（屋代島）口、芸州口、石州口、小倉口の四方面から長州藩を攻撃した。
　1866年6月7日、幕府軍艦は大島を攻撃し、占領したが、これに対し、長州藩は12日、高杉みずから丙寅丸を指揮し夜陰に乗じて幕府軍を攻撃し、幕府軍は敗走する。石州口では、長州参謀の大村益次郎が指揮して濱田藩領に進撃し7月18日、濱田城を占領した。
　長州軍は優秀な大砲、小銃で武装し、戦術にも優れ、農兵隊が補給などに活躍。そのため、幕府・諸連合軍は敗走した。この戦闘中に7月20日、将軍家茂が亡くなり、これを理由に幕府は

第2部　維新の足音

停戦を宣言した。8月21日将軍死亡のため征長停止の沙汰書が出される。9月2日幕長休戦を協定する。

《第二次長州征討の戦闘内容》

戦闘口	長州軍	幕府軍	戦闘の概要
大島口	農商兵 （奇兵隊） 約500人	松山藩、宇和島藩、幕府艦隊、幕府陸軍ら 約2000人	6月7日幕府軍、大島を攻撃、占領、6月12日高杉晋作夜陰に乗じて幕府軍を攻撃。6月15日高杉ら幕府軍を敗走せしめ・
芸州口	遊撃隊など諸隊 約1000人	紀州藩、彦根藩、大垣藩、幕府軍人など 約50000人	芸州口開戦。激戦により長期化。
石州口	清末藩兵、諸隊 約1000人	浜田藩、福山藩、因幡藩、松江藩など 約30000人	6月16日石州口で長州藩の大村益次郎が指揮、開戦。 7月18日石州口の大村軍、浜田城を占領。
小倉口	奇兵隊、長州艦隊報国隊など 約1000人	小倉藩、肥後藩、久留米藩、柳川藩、幕府艦隊など 約20000人	6月17日小倉口開戦。長州藩が先制を期して海上から門司攻撃。8月2日長州軍、小倉城を占領。

(8) 高杉晋作の最後の清算

　高杉は幕府の第二次長州征討に勝利するも、長年頭から離れることがない望東尼の事である。高杉は病に蝕まれながらも望東尼の救出に乗り出した。

　1866年9月、長州藩士、高杉晋作志士として、筑前姫島に牢居せる女傑野村望東尼を救わんとする。これを成すに、高杉の筑前に在る時、望東尼、高杉を中山邸に潜ませたる嫌疑に依り姫島に牢居されていることに由る。

　脱藩の対州士多田荘蔵、小宮延太郎、共に会て、望東尼に庇護を受けし恩あるを以て喜んで其挙に加わる。即ち、対藩吉野慶四郎、

筑藩藤四郎、博多権藤幸助、長州泉三津蔵等と一船、出船の用意
をして、馬関を発し十日頃、肥前濱崎（対州領）に日和待をして
16日姫島に至り、獄を破りて望東尼を救い伴って馬関に帰着す。

　高杉多いに其労を嘉す。なお、小宮延太郎、絹一反を購い、こ
れを望東尼に贈り往年の恩に酬いたる。高杉1867年4月に結
核で死亡する。

　※［野村望東尼］〈1806〜1867（文化3〜慶応3）年〉　幕末期
の女流歌人、勤王家（系）筑前国福岡藩士・浦野勝幸の3女、同
藩士野村貞貫の後妻（名）もと（号）招月、同陵、夫の死後、断
髪して望東尼と称す。和歌を大隈言道に学び、秀歌を残す。

高杉晋作、平野国臣（福岡藩士）、西郷隆盛らの尊攘派志士と親
しみ、福岡市中央区平尾に閑居を作る。この山荘は、藩内外の勤
王の志士が密かに集まり談合する場所となる。高杉晋作や対州藩
士・多田荘蔵もここに集い談合したと思われる。高杉晋作が馬関
に去ったあと対州藩士・小宮延太郎をこの山荘にかくまつた。

これより先、1862年（文久2）対州藩の平田大江、父子が「改易・
佐護郷友谷村に滴居」されたとき、平田大江の子主米の妻子を保
護している。

1865年（慶応1）福岡藩の尊攘派処断に連座して玄海の孤島姫
島（糸島郡志摩町）に流刑。翌年9月高杉晋作から救出され、馬
関に着いた望東尼は、病魔に蝕まれ別人のように痩せ細った高杉
と再会した。高杉を看取った。高杉の世話で長州へ逃れた望東尼
は慶応3年11月6日三田尻（山口県防府市）にて62才で生涯
を閉じる。病死であった。

対州藩・勝井（佐幕派）は、勤王志士への粛清は凄まじく、勝井
の一団が対馬（府中）を出発したことを知り、追手を逃れるため、
小宮延太郎は田代を脱し博多へ向い、博多古川戸町の旅館に潜

伏すること三日餘、また野村望東尼の平尾山荘に潜伏すること約
10日餘。〈小宮貫二（延太郎）の履歴書による〉

歌集「同陵集」

（参）小野貝 秋「野村望東尼伝」1943

佐々木信綱編著「野村望東尼全集」全1巻 1958

5.(1) 大政奉還

　第二次長州征討の失敗によって、幕府の権威は喪失し、諸藩へ
の統括は難しく成っていった。また、公武合体策に同意実行され、
攘夷主義者であり、討幕論者とはならなかった孝明天皇が1866（慶
應2年）12月に疱瘡を病み急死され、幕府は大きな後ろ楯を失う
ことになる。明治天皇（在位1867 ～ 1912)が満14歳で即位され、
ただちに討幕派の岩倉具視らが主導権を握り、かって朝廷から追
放されていた急進派の公卿たちも多く朝廷に復帰した。

　幕府では、家茂のあと15代将軍となった徳川慶喜は、フラン
ス公使の協力のもとで幕政改革を断行したが、崩れようとする幕
政の建て直しは不可能に近かった。

　1867年4月長州藩士の高杉晋作の死で、長州は喪にふしてい
る間に、武力討幕の気運が高まるにつれ、土佐藩は薩長に対抗す
るため、公議政体論（政治権力の主体を列諸藩侯会議で行うとし
た政権構想）を主張したが、1867年5月27日土佐藩・板垣・
中岡らと薩摩藩・小松・西郷ら京都で討幕を密約したが、これは
公議政体論と矛盾することになる。

　1867年6月、在京中の前土佐藩主・山内豊信（容堂）は薩長
に対抗するような土佐藩の方針を模索していた。そのため長崎に
いた後藤象二郎を京都に呼ぶ、後藤とともに坂本竜馬も土佐藩
船・夕顔丸で上京した。その船中で思案にくれていた後藤が竜馬

に相談を持ちかける。そこで竜馬は、これまで勝海舟や松平慶永（春嶽）、横井小楠など開明派の人々との交流の中から聞いたもの、新しい時代の政体構想などを語り、同行していた海援隊の長岡謙吉に筆録させた。それを、纏めて公議政体論に基ずく新政府の構想を示した、これを「船中八策」と云う。これを後藤は幕府が受け入れ易い様に加筆して、山内の許可を得て、土佐藩の「大政奉還の建白書」として、幕府の老中に提出することになる。

　この「船中八策」の創案をもとに、竜馬、中岡の仲介で６月22日土佐藩・後藤、福岡、坂本、中岡らと薩摩藩・小松、西郷、大久保ら京都で大政奉還など薩土盟約７ヶ条を結ぶ。７月７日薩摩の大久保は岩倉具視ら、王政復古を計画する。

　その後、薩摩の大久保は長州に赴き広沢貞臣らと討幕出兵の具体的内容を協議し、また、長州藩と芸州藩（広島）とのあいだにおいて出兵の盟約が結ばれ９月18日薩、長、芸（広島）３藩挙兵討幕を約した。

　1867年10月３日、土佐藩の後藤象二郎は、前藩主山内豊信（容堂）の名で大政奉還の建白書を老中板倉勝静に提出した。建白書は坂本竜馬の「船中八策」を加筆修正したもので、新政府で列藩による合議を設けその議長に徳川将軍を就任させる内容であった。

《船中八策》

①政権を天皇に返すこと。

②議会を設置し、ここで議論をして政治を行うこと。

③幕府、雄藩、有力者などにとらわれずに人材を登用すること。

④外交問題は議会で決定すること。

⑤憲法を制定すること。

⑥海軍の整備をすること。

⑦天皇の直属軍を設置すること。

⑧外国との貨幣の交換比率を確立すること。

10月6日、薩摩大久保と長州品川、王政復古策を岩倉具視らと協議する。

10月13日、夜、大久保利通と長州藩の広沢真臣が岩倉具視邸に赴き、薩摩藩主・島津久光父子宛の討幕の密勅と長州藩・毛利敬親父子宛の朝敵赦免、官位復旧の詔勅が渡された。翌14日に、長州藩は討幕の密勅を受け取った。先の10月3日、土佐藩、幕府へ大政奉還の建白書に対して徳川慶喜は内外の情勢を熟慮し、12日に幕府の老中以下有司をさらに翌13日には在京の諸藩の重臣を二条城に集め、大政奉還の決意を表明した。幕府に機先を制された岩倉らは挙兵の名目を失い、この密勅は実行されなかった。

そして、14日、京都二条城で大政奉還の上表を天皇に上奉し、翌15日に将軍参内、大政奉還勅許の沙汰書を受け取り、260余年に及ぶ徳川幕府の支配は崩壊した。10月24日、慶喜、朝廷に将軍職を辞職を請う。

1867年11月9日、岩倉具視から薩摩藩、長州藩に討幕の密勅が、ひそかに手渡された。これにより、11月13日薩摩藩兵鹿児島を出発、11月25日長州藩兵三田尻を出発。この密勅は天皇による日付や裁可の記入がなく詔書の形式を整えていない異例なもので岩倉具視ら討幕派の偽勅の疑いが濃いものであった。密勅による討幕実行は大政奉還により一時延期された。

(2) 内乱鎮圧と国内統一

薩州、長州、芸州（広島）、岩倉等で王政復古が計画され、1867年12月9日、薩摩、土佐、芸州、尾張、越前の五藩の藩兵が御所のすべての門を固めた上で、かねてから打ち合わせてあった公卿・藩主だけが参内し、明治天皇臨席のもと、王政復古

の大号令が下された。

その内容は、幕府・摂関の廃止、それに代わる総裁・議定・参与の三職を定めた。総裁には、有栖川宮熾仁親王、議定には三条実美、参与には岩倉具視・薩摩・長州・土佐など五藩の藩士らが任じられた。参与の構成員は、薩摩藩らの討幕派と土佐藩らの公議政体派の均衡を保ちながら決定した。王政復古の大号令が発せられた同夜、小御所において、三職による会議が開かれ、徳川家の処遇について話し合われた。この会議で公議政体派は将軍を新政府に加えることを提案し、討幕派は将軍の辞官納地（辞官・将軍は内大臣・正二位・征夷大将軍に任じられ、この内大臣を辞任すること。納地・幕府の直轄地（天領）の一部返還のこと。）が決定された。徳川慶喜は12月12日二条城を出て大阪城に入る。

《鳥羽・伏見開戦（戊辰戦争はじまる）》

新政府は岩倉具視の急進討幕派と山内豊信の公議政体穏健派の対立が続き、形勢は穏健派に傾いていた。この様な状況の中、旧幕府方には、将軍の辞官納地の決定に不満を抱く者が多くいた。その中で薩長憎しという感情が高まり、特に薩摩を打つべしという機運が大きく盛り上がっていき会津や桑名等の譜代藩の状況も同様であった。

徳川慶喜は大軍を率いて大阪にいたが、ついに1868年1月1日、討薩の意を表明する。徳川の全軍は1月2日に大阪をたち京都に向かい、先鋒は会津・桑名二藩・続いて姫路、讃州高松、伊予松山、大垣、浜田、忍、笠間等の諸藩と幕府軍が従い、本営を淀に置き全軍の指揮を老中格・大河正資が執ることになついている。その討薩の命令書を大目付・滝川具挙が携え入京しようとしたのである。ついに1月3日午後5時から4日未明の激戦では幕府側が旧幕兵5,000人を中心に15,000人の大兵力で薩摩、

長州を合わせて 4,500 人と旧幕軍の半分以下の兵力で、旧幕軍は完敗した。それは薩長側の整備が旧幕軍より数段上で、兵の訓練も行届いていたこと。薩長側が事前に形勝の地を占め万全の迎撃体制を敷いていたこと。薩摩藩が宮廷工作を行い、仁和寺嘉彰親王を征討大将軍とし錦旗を立て進軍、旧幕軍は朝敵となり一気に志気が萎えてしまったこと。1 月 5 日淀藩、旧幕府軍の入場を拒否。旧幕府軍、八幡・橋本へ退く。1 月 6 日、旧幕府方の味方であった津藩（藤堂氏）が山崎から、八幡・橋本の旧幕府軍に砲撃。同夜、徳川慶喜は大阪城を抜け出し開陽丸で江戸に戻る。

《江戸開城》

　大坂から江戸に戻った将軍徳川慶喜は謹慎中の勝海舟を呼び出し陸軍総裁に任命した。勝が最初に手を付けた事は、幕臣の小栗上野ら親仏派を罷免し、薩長との交戦を勧めるフランスとの関係を断っことであった。フランスがイギリスに対抗することは薩摩とイギリスを近づけることを警戒したからである。

　1868 年 1 月 7 日、朝廷は慶喜の追討令を発し、2 月 9 日総裁職の有栖川宮を東征大総督とし、2 月 15 日、官軍は錦旗を掲げ京都を出発、東海道、東山道、北陸道の三道から江戸城に迫っていったのである。

　勝は将軍の恭順謹慎を示すことを表わすため、慶喜は勝の意見に従い、2 月 12 日、上野寛永寺に移る。3 月 5 日、勝のもとへ旗本山岡鉄舟が来訪して、慶喜から駿河の東征軍に対し、恭順を伝えるように命ぜられたので、その相談に来たのであった。

　3 月 8 日・9 日、山岡は勝の手紙と薩摩藩の隠密・益満休之助をともない、駿府の西郷隆盛の指示で、江戸撹乱のために辻斬り、放火などを行っていた。その益満が捕えられ勝の邸に預けられていたので、持参した勝の手紙には「こうした行為が正義ならば皇

国は瓦解する」という内容が記されており、それは西郷の痛いところをついていた。その結果、西郷は江戸総攻撃の前に勝と会見することを約束した。

3月12日・13日、東征軍は、池上本門寺・内藤新宿・板橋から江戸を包囲し、15日を総攻撃の日と決定する。

3月13日、勝は西郷に会見を申し込む（高輪の薩摩邸にて）。勝は戦になったら静寛院宮（和宮）の無事の保証はないことを伝え、翌日の会見場だけを約束して帰る。

3月14日、薩摩屋敷で会談。慶喜が隠居し、水戸で謹慎することなど決め、15日の江戸城総攻撃は中止と決定し、江戸開城の諒解となる。

4月4日、東海道先鋒・総督橋本実梁、同副総裁・柳原前光、西郷ら参謀を従え、非武装で江戸城へ入城。西丸で徳川氏の処分と江戸城明け渡し条件を田安慶頼に伝える。

4月11日、慶喜、午後3時ごろ寛永寺大慈院を出て、水戸へ向う、江戸城明け渡しのため、新政府の参謀が薩長ほか5藩の兵（徳川氏への刺激を少なくするため少人数）を率いて入城する。

《上野戦争（戊辰戦争）》なお、旧幕府側は、この決着を不服とする彰義隊があくまで抗戦を主張して、上野にたて籠もってた。新政府軍の指揮にあたっていたのが大村益次郎です。

大村は市街地に火災が広がらないよう雨の多い季節を選び、5月15日を攻撃日と決め、江戸市中に高札を立てて開戦の予告をした。午前8時ごろに、開戦が始まり、寛永寺に籠もる旧幕府軍の彰義隊に対し新政府軍は上野広小路から攻める。黒門口の正面攻撃と団子坂から背面攻撃に加え、不忍池を挟んで対岸からも砲撃を加えた。軍備力に勝る新政府軍の前に夕方まで勝敗が決し、敗れた彰義隊は大村が用意した退路をたどつて退去した。

（上野戦争の武器の比較）

銃器	新 政 府 軍	旧 幕 府 軍
小銃	スペンサー銃、スナイドル銃、エニエー銃	ヤーゲル銃・丸弾の火縄銃
機関銃	ガットリング銃	
大砲	山砲、携白砲、白砲	山砲
艦載砲	飛距離4km アームストロング砲、幕末三大兵器	飛距離2km 艦載砲

《東北（奥羽越列藩同盟・会津・長岡）戦争（戊辰戦争）》

　1868年5月3日、奥羽25藩が反政府同盟を結んだ。その後6藩なども加わり奥羽越列藩同盟が成立した。当初、東北諸藩は戦闘を回避したいと考えていた。そこで、閏4月に東北諸藩による会議を開き、その席で朝敵、会津・庄内の両藩救済嘆願を決意し、嘆願書を仙台の奥羽鎮撫総督府に提出したが、総督府はこれを受け取りを拒否し、会津攻略を進められた。この結成された奥羽越列藩同盟は、薩長政権を否定する軍事同盟へと変化した。

　戦闘が始まると状況を見ていた東北諸藩は次々と新政府軍に寝返り、長岡藩との激しい攻防も新政府軍が勝利。残すは会津藩のみとなった。

　武器や兵力に勝る新政府軍は会津鶴ヶ城（若松城）を包囲し、8月21日、攻撃を開始する。会津藩は次第に包囲網を狭められ、22日には白虎隊が出撃したが敗北をする。翌23日の戦いは最も激戦となり、多数の死者を出し、完全に包囲された会津藩は籠城を決意し、二十日間あまり戦闘を繰り返したが9月22日ついに陥落した。

《箱館戦争（戊辰戦争）》

　1868年8月19日、海軍奉行榎本武揚は江戸城無血開城後、旧幕臣たちとともに開陽、回天、蟠竜、千代田形、神速丸、美賀

保丸、咸臨丸、長鯨丸の八艦からなる旧幕府艦隊を率いて江戸を脱出した。一方同様に江戸を脱走した旧幕府陸軍は、9月に仙台で榎本率いる旧幕府海軍と合流。そして桑名藩主松平定敬、奥羽越前藩同盟軍、新選組等、諸藩兵を船に収容し、10月に蝦夷地に上陸した。彼らは、新政府の機関である箱館軍を破り、五稜郭に入城し、箱館を制圧する。すぐさま松前攻略のため出兵。副隊長として指揮を執っていた土方歳三らに敗れた。松前氏は津軽に敗走、その後箱館政府（蝦夷共和国）を樹立、仕官以上の参加による選挙で榎本は総裁に選出された。

　その後榎本軍は、軍艦回天などが宮古湾で新政府軍を攻撃したがうまくいかなかった。一方新政府軍は、アメリカから購入した最新鋭の装甲軍艦甲鉄等、軍艦四隻と輸送船四隻を1869年4月、品川沖から青森に出航させ、いわゆる箱館戦争が勃発する。

　新政府は続々と兵力を北上させ、五稜郭を包囲。新政府の参謀黒田了介（清隆）は榎本軍に降伏を勧告したが、榎本はこれを拒否した。5月11日の戦闘で箱館を失った旧幕府軍が箱館奪還のため進軍の途中で土方は戦死する。ついに5月18日、旧幕府軍は無条件降伏し、ここに戊辰戦争は終りを告げた。（明治政府によると）戊辰戦争の死者数は、新政府軍3,558人、旧幕府軍4,707人で合計8,265人である。

6.(1) 対州藩《勤王志士の粛清》

当時の記録を掲載。

1864 年 元治元年 10 月 14 日	○三浦捨蔵、吉村軍兵衛用人、三井好右衛門御目付等、御家中の面々、昨夜より、罷出、相詰に付き、平田大江より、この内密状、被見申渡。 ○島雄澤記、幾度八郎より願、当職破るを、差免。 　島雄澤記、幾度八郎…不心得差控 ○大浦教之助、不審の儀あり…不審差控 　なお申し付けの家老席御取揚。 ○［三浦守衛、幾度判兵衛、早川澤之助、一宮五郎］…不審差控
10 月 16 日	○河内染右衛門…揚屋入　○早川澤之助…急症死 ○［二位孫一郎、堀江直介］…揚屋入
10 月 18 日	○［内山右馬四郎、鈴木蔵太］…差控 ○桟原勇馬…急帰国 ○［森川玉城、扇格左衛門、二位馬右四郎以下 9 人］…差控 ○［鈴木綱之助、田中久五郎以下 5 人］…差控 ○牟田清太郎…不心得・慎　○内山八左衛門…差控 ○三浦守衛…揚屋入　一宮五郎…揚屋入
10 月 19 日	○大浦教之助…揚屋入　　○幾度判兵衛…急症死 ○河内染右衛門…揚屋入　○扇格左衛門…牢にて病死 ○村岡近江…差控　　　　○小田忠三郎…差控
10 月 21 日	○勝井五八郎（御用人席）御用人申し付け、執政務、大勘定 ○幾度八郎、御尋御答有之
10 月 23 日	［政府比節被廃］ ○幾度八郎、御尋御答…急症にて病死 ○守衛、今夜揚屋を脱出○［倉田荘右衛門、川本九左衛門］…先差控 ○田中寛治揚屋入の申し付け死亡の申出。　○林悦四郎…揚屋入 ○大浦教之助…揚屋にて病死 ○大浦亨…揚屋入　○佐藤東十郎…差控 ○［教之助、判兵衛、亨、澤之助、格左衛門、五郎］…死罪獄門 ○［畑島晋十郎、鈴木綱之助］…揚屋入

10月27日	○内山右馬四郎　揚屋入の申し付けあるも、病死の届出。
	○畑島晋十郎、打廻審所において自殺
	○［染右衛門、悦四郎、貫治、直介、晋十郎、右馬四郎、清太郎］
	…死罪獄門　○青柳蔀以下8人…差控
	○内野茂兵衛…蟄居　○仁位孫一郎…田舎蟄居
	○森川玉城以下22人…田舎牢居・蟄居
11月1日	○飯田孫六、揚屋入り申し付けがあるが、病死の申出。
11月3日	○日新館被廃。
11月7日	○川本九左衛門…蟄居
11月23日	○勝井五八郎、御加増且、奥家老に命じられる。
	○吉村郡兵衛、立石郡兵衛…両名、家名復葛
	○扇大純以下11人…配所に於いて切腹、申し付。
11月26日	○桟原勇馬…揚屋にて急病死
11月27日	○勝井伍八郎、濱崎住居申し付。田代の内宮之浦、東西両村御収
	納米、被成下より被仰付。
12月2日	○田中久米輔、御呼登の際、急症にて死亡の申出。
12月11日	○恒右衛門以下…打首獄門
12月19日	○多田外衛、鳥居嘉津衛、士官被召放。
12月21日	○22日上記両人…斬罪
12月28日	○波多野大助を捕える者を差し向けたる。波多野は刀を抜いて、
	不法な振る舞いを致し、子供を刺殺し、自害したとの届出があった。

※以上録する所、只其一班のみ当時に関する著書が少ないのでご了承願い
ます。

(2) 対州藩（勤王志士）靖国神社に合祀

氏名	年令	年月日	場所	最期	備考
永尾　平左衛門		不詳	配所	自刃	
仁位　主膳		1854.5.26	南室村肝入宅	自刃	孫一郎の弟
津田　愛之助		1864.7.19	京都	戦死	禁門の変
青木　興三郎		同上	同上	同上	同上
大浦　作兵衛	42歳	4.23	京都にて負傷	自刃	教之助の長男
早川　澤之助	27歳	10.16	自宅	自刃	後・獄門
幾度　判兵衛	32歳	10.19	自宅	自刃	後・獄門

第2部　維新の足音

氏名	年令	年月日	場所	最期	備考
田中　貫治	25歳	10.24	自宅	自刃	久米助の子
扇　格左衛門	27歳	10.20	自宅	自刃	後・獄門
幾度　八郎	54歳	10.23	自宅	自刃	元家老
大浦　教之助	72歳	10.24	揚屋	病死	元家老 後・獄門
大浦　亨	17歳	10.25	大手橋	斬首	後・獄門
一宮　五郎	43歳	10.25	大手橋	斬首	後・獄門
内山　右馬四郎	36歳	10.27	自宅	自刃	後・獄門
畑島　晋十郎		10.27	打廻番所	自刃	後・獄門
堀江　直助	47歳	10.27	自宅	自刃	後・獄門
牟田　隆伯		12.11	自宅	自刃	医者
牟田　清太郎		12.11	自宅	自刃	医者
河内　染右衛門	21歳	10.28	大手橋	斬首	後・獄門
林　悦四郎	32歳	10.28	打廻番所	斬首	後・獄門
飯田　孫六		11.1	自宅	自刃	病気届出
扇　大純		11.23	配所伊奈郷久原村	切腹	医者・大浦遠の弟
大浦　毅次郎	11歳	不詳	自宅	自刃	教之助の弟
大竹　捨巳	24歳	11.23	配所豊崎郷大浦村	切腹	
小宮　佐兵衛		11.23	配所三根郷櫛村	切腹	
波多野　美根介		11.23	仁位郷貝口村	自刃	
大久保　速簳輔		11.23	配所仁位郷大綱村	自刃	
青柳　蔀	31歳	11.23	興良郷尾崎村	自刃	
春澤　弥兵衛	36歳	11.23	佐須郷上槻村	自刃	
平田　観之輔		11.某	仁位郷糸瀬村	自刃	
三浦　源太郎		11.23	佐護郷深山村	自刃	
内山　八右衛門		11.23	三根郷津柳村	銃殺	
扇　儀兵衛	11歳	11.23	伊奈郷小鹿村	自刃	
桟原　勇馬	54歳	11.26	自宅(揚屋急病死)	自刃	後・獄門
田中　久米輔		12.5	牢屋	自刃	後・獄門
内山弥次郎兵衛		12.11	大手橋	斬首	後・獄門
畑島　恒右衛門		12.12	大手橋	斬首	後・獄門
大谷　存	39歳	12.11	大手橋	斬首	獄門 日新館助教
鈴木　蔵太	47歳	12.18	大手橋	斬首	後・獄門
鈴木　綱之介		12.18	大手橋	斬首	獄門
大浦　忠兵衛	32歳	12.11	大手橋	斬首	獄門
多田　外衛		12.22	久田村刑場	斬罪	元家老 時政批判の罪
鳥居　嘉津衛		12.22	久田村刑場	斬罪	外衛の弟

113

対馬藩士の明治維新

氏名	年令	年月日	場所	最期	備考
波多野　大作		12.28	自宅	自刃	美根介の父 米介祖父
倉掛　安之允		12.25	配所仁位郷鑓川村	自刃	
大浦　遠	52歳	12.25	興良郷内山村	自刃	日新館学頭
吉川　左衛門		12.26	三根郷志多賀村	自刃	元家老
吉川　次郎兵		12.26	豆酸郷瀬村	自刃	
熊生　翼	17歳	12.27	佐須郷久根村	自刃	権右ェ門一貫の子
三浦　辰次郎		12.25	興良郷横浦村	暴殺	
唐坊　繁之介		12.26	琴村	自刃	数之助の弟
林　覚兵衛		12.26	伊奈郷一重村	自刃	悦四郎の父
唐坊　数之助		12.26	小鹿村	暴殺	
唐坊　荘之介		12.26	飼所村	自刃	直衛の弟 史学者
山田　整庵		12.27	配所佐須郷久根村	暴殺	蘭法医
多田　作次郎		12.27	佐須郷椎根村	暴殺	外衛の子
平田　領之輔		不詳	仁田内村	殺害	
林　直次郎		10.28	成相寺	自刃	悦四郎の弟
堀江　常次郎	17歳	10.27	自宅	自刃	直介の子
扇　五兵衛		11.28	興良郷尾崎村	自刃	儀兵衛の父
熊生　権左衛門		12.28	仁位郷志多留村	自刃	
唐坊　直衛		12.26	佐須郷小茂田村	暴殺	
唐坊　寛作		12.26	豊崎郷泉村	自刃	
樋口　織太		11.某	興良郷箕形村	暴殺	
大久保　傅十郎		12.29	三根郷津柳村	暴殺	
仁位　馬四郎		10.16	仁位郷田村	自刃	
早川　弥太郎	6歳	1864.10.6	自宅	絞殺	
大谷　米太郎	8歳	12.18	伊奈郷犬ヶ浦村	絞殺	
植田　淵之助		11.24	興良郷竹敷村	自刃	
佐藤　東一郎		12.19	佐須郷今里村	暴殺	
吉村　小輔		12.19	興良郷島山村	自刃	
吉野　寛兵衛		12.27	不詳	斬殺	
波多野　米介	5歳	12.28	自宅	斬殺	
桟原　神五郎	11歳	1865.1.5	不詳	殺害	勇馬の孫
唐坊　造酒太郎		1.6	自宅	自刃	数之助の弟
三浦　雅一郎		1.9	興良郷南室村	斬殺	
仁位　馬嘉	2歳	1.10	興良郷竹敷村	絞殺	
吉村　信夫		1.11	伊奈郷御園村	斬殺	
佐治　数馬		1.17	配所仁位郷糸瀬村	暴殺	病死届出
黒岩傅右衛門		1.18	佐須郷瀬村	自刃	
樋口　栄之進		1.19	西泊村	自刃	織太子
内山　弥一郎	4歳	1.20	佐保村	絞殺	

第2部　維新の足音

氏名	年令	年月日	場所	最期	備考
大塔　冨寿	3歳	1.29	佐須郷小茂田村	殺害	
大澤　縫之助		1.29	伊奈郷久原村	暴殺	
平田　捨四郎		不詳	自宅	自刃	領之助子･母子共に死亡
扇　松太郎		不詳	三根郷青海村	暴殺	
三浦　万太郎		不詳	不詳	不詳	
平田　大江	53歳	11.11	上馬場筋	斬殺	元家老　上意討
平田　主米	28歳	11.12	自宅	切腹	大江の子
樋口　謙之亮		1866.3.14	宮谷谷出橋	暗殺	

上記、自刃とあるは命に依らず自殺したもの。
　　　切腹とあるは命を受けて自殺したもの。斬殺は刀にて斬殺したもの。
　　　暴殺は刃物以外のもので僕殺したもの。
　　　斬首は首を切ること、また、その切った首。
　　　斬罪は打ち首のこと。不詳は、明瞭でないもの。

明治24年、陸軍省、靖国神社に維新前後の国事殉難者1277人を合祀する。

○上記「勤王の士」は靖国神社への合祀、資格を新政府が認めた者。

○上記、年齢蘭は、著者が書き込んだもので、申請書には記載されていない。

○勝井五八郎が討たれた3日、ある未亡人は勝井の死肉を切り取つて、亡夫と愛児の墓前に哭したと伝えられる。

(3)［対州藩士］靖国神社に合祀を否定された人　　殉職者・名簿

氏名	年令	年月日	場所	最期	備考
三浦　守衛		10.29	揚屋入脱走	保全	退老・小学校教員（老後）
三浦　しな			揚屋入		守衛の妻
三浦　政一郎	2歳	不詳	不詳	絞殺	辰次郎の姪
牟田隆伯・妻		12.11	自宅	自刃	
多田　作次郎	11歳	不詳	椎根村	絞殺	
多田　平次郎	14歳	不詳	脱走		外衛の子
多田　かね	20歳	不詳	脱走		外衛の子・平次郎の姉
永留　藤左衛門		1.11	配所	切腹	
菅井　鳳山		1.18	青海村	自刃	
菅井　元亮		1.18	不詳	自刃	

氏名	年令	年月日	場所	最期	備考
大塔　初次郎		1.29	不詳	自刃	
小野　友之助		不詳	配所	自刃	
大浦　無遠之介		不詳	貝口村	自刃	
吉野　弥次右ェ門		不詳	中原村	自刃	
佐藤　三郎左ェ門		不詳	不詳	自刃	
豊田　三位		不詳	不詳	奴形	万松院の子僧
高雄　金右衛門		不詳	竹敷村	乱殺	河内染右衛門の伯父
高雄　伝		不詳	竹敷村	乱殺	金右衛門の子
高雄　某		不詳	竹敷村	乱殺	金右衛門の孫
国分　三左ェ門		3.13	谷出橋	暗殺	
吉田　茂之助		不詳	犬ヶ浦村	自刃	

○三浦守衛は、宗義達の密書の中に奸才守衛と評されている名物男である。彼は殺害の嵐の吹き荒れる 10 月 18 日、揚屋入となったが、23 日深夜、格子を外して脱獄し、自宅に立ち寄つて食糧を求め暢孫山に逃げ込んだ。サザイブクに油を入れて灯として数日の間、深山にひそみ、山伝いで万松院に下った。子僧の豊田三位に頼んで、日中は天井裏に潜み、夜な夜な僧衣をつけて市中を徘徊して、船を物色し、壱岐に渡って托鉢をして捕史の目を誤魔化した。その後、長州に渡って回復を計ろうと考え、大阪で形勢を伺っている最中に勝井と平田も誅に伏したことを聞いた。

明治 12 年頃対馬に帰ったが、もう時局はがらりと変わっていた。往年の奸才守衛も次第に昔日の面影が薄れ、浅海湾の寒村濃部に隠棲し、好童を教えて老い朽ちる身となった。

明治 18 年往年の館友・賀島謙二が学務委員として廻村した時、ともに往時を語って夜の白むのを覚えなかったと、謙二はその日誌に感慨を記している。

新対馬島誌（編集委員会）記述

【勝井五八郎】

勝井五八郎 1814 〜 1865（文化 11 〜慶応 1）勤王から佐幕派となる。

[系] 対州藩士、国分氏の出。[名] 通称五八郎、（字）五八　[生] 三根郷吉田

・武芸は普通、妹（たみ）は藩主夫人で、次期藩主の母。御馬廻 150 石、執政務、御用人席、大勘の要職を歴任。1864 年には家老（1,800 石）になる。

勝井は、吉田の出である。妹たみは、藩主義和に待して善之允（義達）を生み、善之允が世子に復帰して、1861（文久元年）江戸上府の時には、幾度八郎、大浦遠と共に随行したが、この時から勝井は善之允襲封の未来を夢みるようになり、祝宴の席で酔うと、ついそれが言動に表われるようになった。この頃の藩の実権は大浦教之助が握っていた。

大浦は、勝井の要職歴任に心好とせず、文久 3 年 5 月 5 日家老職の補せられる双林寺の会議で勝井が推挙されたが、大浦教之助に一蹴されて、その志を阻まれた。それから大浦と勝井の対立が始まる。

勝井は先ず、大浦遠を手なずけようと働きかけたが、遠は剛直で、酒食も恫喝もこの人には通じず、大浦教之助の如きは一笑に附した。この二人は、いっも勝井を五八さんと呼んで、軽くあしらっていた程で、勝井が藩中で占める重みの点では、まだ問題にならなかったが、勝井は早くから次期政権の担当者としての自覚をもって、夢寂の間にも画策を怠らず、国元の目の届かない田代で、密かに備える所があったが、大浦等は勝井を甘く見ていた。勝井五八郎は、露骨な明け透けな所があった。政敵大浦教之助に加えた恥辱と残虐など、自分の感情を剥き出しにして少しも憚か

る所がなかった。然しその他は、どこか高朗な処があったものと見え、言い過ぎではあるが、彼を政界の清掃人と評価する人もあるのは何故であろうか。

《勝井五八郎・誅せらる》1865（慶応 1）5 月 2 日、是より先、五八郎みだりに政権を欲しい儘にし、前年 11 月 26 日禄高 1,800 石の家老となり、勝井党、吉村郡兵衛以下に禄を増し役を与え、その部下達は、爪となり、牙となって物事を完成させていった。又、己に反する者あれば、暴力を以て、徹底的に取り除き、すでに郷村牢居の者に対し殺史を派し、至る所に兇刃を振り回したる。

時に五八郎、田代に留まっている大江に前日の約束に依り帰国を強要するが、しかるに大江は他藩勤王の同志と堅い約束に依があり兵を率いて帰り、却（かえ）って己を伐たんとするの報を得、大いに怒りて、これを藩主に告げ、命に依り大江及其子主米に対し叛逆は、明らかとの、かどを以て其職を除き差し控えとされる。勝井、大いに郷士を集めて府中を警備する。また郷村に下れる殺史を急を聞いて府中に帰りたる。其の為、幸いにして暴殺を免れる者もあった。時に大江の報に依り勤王諸藩の使者府中に来るもの多し、藩の執政者は進退に迷い答弁に窮する。時局進展に弾みが、ようやく熱し、是に於て 4 月 29 日。

樋口謙之亮、中原周兵衛門等、同士 29 名結束して起ち、先ず五八郎の手足、原田治兵衛、大庭佐治衛門及び阿比留喜助の 3 人を斬殺し、翌早朝、藩邸に至り、謙之亮が一同を代表して藩主に拝謁し陳べて曰く。五八郎の乱暴で道理に反する残虐さは実に言語に絶し、天と人、共に許さざる所なるを以て‘臣等’義を思う士、奮然と起つ。「五八郎は、見せしめの為め幼児まで処刑して、死罪に処した死体を晒し者にし、残忍きわまりない、その爪牙（手先）に天誅を加えた。」宜しく明主（賢明な藩主）の果断な決断

118

第2部　維新の足音

を待つ。

　藩主これを聞き、即時、五八郎の奥家老を免じ、且つ、誅を加える事を可とする厳命を下す。この時、五八郎は藩邸の裏屋形に在り、命を聴くや憤怒して服せず、進んで護衛29士の前を過ぎ辛うじて大奥に入り燐（あわれみ）を藩主に請う。藩士叱咤して之を聞かず。時に情況、急迫を聞き、参邸の士、漸く集まり、五八郎今や如何とも為す事が出来ず、従士に銃を発し逃れて裏山を越えて去る。29士これを追うも及ばず、日漸く暮る。

　五八郎すなはち夜陰に乗じて馬場筋の自邸に帰り、鎮守の稲荷祠に潜みしが、捜索隊の発見する所となり遂に惨殺される。年51歳。勝井党立石郡兵衛外4名切腹、立石盛四郎田舎牢居、川村利助死刑に処される。同時に五八郎の為に免職させられた者を復職させ「牢居、蟄居者は悉く之を許される。後、郷村に於ける五八郎の残党を処分して余す所なし。

【平田大江】

　平田大江　1812～1865（文化9～慶応1）…勤王士

　[系] 対州藩士　【名】通称・平田大江　[家格] 平田家は代々田代役を務める

　「宗家の始めは筑前にある。1185（寿永4）惟宗判官のとき、豊前、筑前、肥前、壱岐、対馬等を地頭職として管轄し、この時から肥前田代は対州藩の領土となり、平田家が代々田代役を務めてきた。」

　平田大江は生涯権謀の道を歩いて来た感はあるが、その為、大江の行動には今尚疑雪の晴れないものが多いのは勤王家として知られた大江の為に、惜しい事である。従って、その功労までが低意の知れないものとして、割引かれるに至っては大江にも、その

119

責任がないとは云えない。大江はもともと義党の一員でありながら、勝千代が世子に決定すると、しきりに田代から金品を贈って碧派に通じ、政変後はまた五八郎、青木によって再び義党に結ぶなど、その転身の早さに世間を驚かしたのである。又牢居中家計の窮迫に苦しむ五八郎に私恩を売って交情を深めていった。「8月23日、天皇より長州の追討命が発せられ長州は朝敵となった」この報を受け大江と五八郎の談合と、藩主の内命をもって勤王党、潰滅する同盟の間柄となり、両氏は、大浦以下の国元の動きに注意深く注がれていた。

　まず五八郎か入国して大浦党に弾圧を加え藩政を牛耳る中、長州では高杉晋作のクーデターが起こり、クーデター成功し長州藩は勤王に復帰した。その事が大江の行動を変える原因となった。

　《平田大江殺される（上意打ち）》1865年11月11日、是より先、大江は最初1848（嘉永元）年、藩領田代の代官を命じられ後、1862（文久2）年、藩の乱れに遭遇し、その職を免じ、改易（平民に落とし、領地・家屋敷を取り上げる）の上、佐護郷友谷村に謫居（罰せられ遠方に流される）す。1863（文久3）年、特命に依て罪を許し復職を命じられて、田代に再勤するや諸藩の志士と交わりこと少なからず、勤王の志の息子主米と共に、度々、長州を往復して、勤王の進めについて相謀る所あり、諸藩志士の間に重視せられる事となる。1864年2月上京し五八郎を伴って田代に帰り共に対州藩の立場に付、苦慮する。

　勤王士、藩主を蔑ろにし、その権力おも盗み取る。その大浦党は、日新館を中心にして、勢力旺盛を極め、大江は五八郎と共に藩に帰り善処せんとする意志がある。先ず五八郎を対州に帰り行かせる。然るに五八郎は藩に帰るや勢に乗ずる所、果断に決行し、実に大江の想像以上に大事変を起し殆んど終極が見えない。

第2部　維新の足音

是を見た大江は兵力を以て、五八郎を排斥しょうと思い、急を諸藩の同志に告げて、田代を去り、福岡、長州、両藩の同志の士の応援を得て、目的を達せんと欲し、遂に息子主米、多田荘蔵以下60余人を以て尽義隊を結成し、大江が尽義隊の総監なる。

　3月下旬に行い、壱岐勝本に至る。先に大江の請に依り

　特に軍艦に搭乗する福岡藩使節其の他、長州、平戸、大村、薩摩、諸藩及び三条公使者並び、北畠四郎の率いる回天隊と合わせ諸使節、先づ対馬に至る。時に大江は既に其職を免ぜられていたので、諸使節は此の際に於て藩の騒動を鎮めるには、大江父子の如き有能な人材を容認する事であると。其の必要を説くこと頻繁なり。而して、大江は壱岐・勝本に在り、諸藩の談判の結果を待つこと久しく、時に今年5月初め五八郎反対の有志が決起して、志を遂げる報を得る。五八郎4日の誅殺後、大江、直ちに船を進め5月6日に対州に帰る。是に於て大江の心事行動を藩主を始め家臣は偽悪を持つ人少なからず。

　各藩の使節等も亦、其謹慎を欠くに就き不快の念を抱く者が多い、藩主乃ち、大江父子に退職を命じるが、幸い諸使節の説明に因り大江父子に叛逆の意、無きを認めるに至りしも12日遂に大江の奉公を免じ主米に家督を命ずる。

　福岡藩は更に使を遣わし大江父子重要を説き、内政を改革し共に王事に勤労させる事を勧める。諸藩の使者亦しばしば来藩し勤王論を談じ大江父子重用の事に及ぶ。

　この時、家老二位孫一郎は、早くに五八郎、死滅後、復職し主として諸使節の応接に当たる。なお大江は交代年寄、主米は大目付、多田荘蔵は勘定奉行を命じられが、程なく荘蔵及び大江は故あって差し控えを命じられる。原因に大江は帰州後、志士、壮士を邸中に集め、野戦砲を門内に備え、来援諸藩の使者と内外の

121

相手と呼応し、勤王論の回復及び政治の刷新を上書して、これを執政当局に迫りたりと云。

是に到って藩主思う所あり、小姓・一宮又左衛門、表書札方・内野茂兵衛を府外・南室の大江別邸に遣わし至急、出頭を命じられる。然るに大江容易に参邸の意なし、更に小姓・佐々木惣右衛門、大目付方書手・田城柳衛門を遣わし重ねて命を傳える。

しばらくして、大江別邸を出て藩邸大手門下を過ぎる。藩主再び実行し、又左衛門、惣右衛門、茂兵衛、柳右衛門を遣わして更に之を召す。大江辞するに一旦自邸に帰り、正装で出頭すべき旨を以てす。是に於て使者、同声に曰く、主君の卿を待つ甚だ急をようする。猶予す可からず、上官亦必ず伴い来るべきの命あり、何ぞ征服を要せんと、途上、行々、応答し遂に馬場先橋に近かずくも大江参邸する意がないのを見て、茂兵衛は突然上意の一声と共に江戸頭巾を被る大江の首を一刀の下に落とす。大江時に53歳。若党中村邦四郎従ふ同平山安之允、大江に後れて到る。主人討たれるや憤然し、刀を抜き4人を追う。茂兵衛、短刀を安之允に投じ、4人は走って大手門に入り門を閉ざす。安之允、歯軋りし短刀を拾って、而して去る。安之允は剣客なり、4人倉皇（あわてて）、復命（藩主に報告）する。

藩主之を嘉（よろこびほめる）みす。時に午後4時頃であった。

此の日、多田荘蔵、吉野槙兵衛、小宮延太郎、小宮久米介、急速船を艤（出船の用意）し、府中の東岸奈多連より長州に走り下関の奇兵隊に入る。翌12日、公命に抵抗する気勢あるとして、平田主米に切腹を命じ且つ家除かる。主米28歳。後、明治元年、大江の処刑に対して他藩の批判を受け、藩は過ちを認め、大江の次子に260石を給す。

第 2 部　維新の足音

8. 対州藩士と幕末の志士及び幕末・維新期の政治家

前述して来た様に、次に表示する維新期の重用人物と対州藩士の関係について「何時、何所で、如何して」交流が在ったのか、歴史的な記録に基づき対州藩士の明治維新に与える影響について提示する。

1. 木戸孝允〈1833〜1877（天保 4〜明治 10）〉
幕末・維新期の政治家。

木戸　孝允

（系）長州藩医、和田昌景の子、同藩桂九郎兵衛に養われる。（生）長門国萩。（名）通称桂小五郎、のち寛治、準一郎。1865 年（慶応 1）木戸と改称。号を松菊。

1849（嘉永 2）年、吉田松陰に師事、1852 年江戸に出て、剣術を斉藤弥九郎に、西洋砲術を江川太郎左衛門に学ぶ。相州警衛に参加、海防に志し、有備館舎長となるなど長州藩士内の指導者となり、志士として活動。1862 年（文久 2）京都に出て藩主毛利敬親をたすけ、久坂玄瑞・高杉晋作らとともに藩論を尊王攘夷から、さらに倒幕へまとめることに力を尽くした。1863 年「8 月 18 日」の政変より、禁門警固の任を解かれた長州藩兵が三条実美らとともに帰国した後も京に留まり、1864（元治 1）年、池田屋事件では新撰組の刃を危く逃れ、また、禁門の変後も京に潜伏、芸妓幾松（のちの夫人松子）のたすけにより危難を脱した。

123

1865（慶応1）年、大村益次郎らと長州軍制を改革。翌年坂本竜馬の斡旋により西郷隆盛・小松帯刀と薩長軍事同盟の密約を結び、1867年大久保利通らと倒幕勢力の結集をはかり、倒幕兵の計画をすすめた。王政復古後、西郷、大久保と共に維新の三功臣として微士、ついで参与となり五箇条の誓文の起算に加わるなど、明治新政権の中枢に参画した。早くより、版籍奉還の必要を説き、廃藩置県を提唱、また下級士族の不満をそらすため征韓論をとなえた。1872（明治5）年岩倉遣外使節団の副使となり、帰国後、国憲制定の急務であることを論じ征韓論に反対。1874年台湾出兵に際してもこれに反対し下野するなど開明的絶対主義者としての立場を堅持した。1875年大阪会議によって板垣退助とともに参議に復し、第1回地方会議議長となる。つねに大久保の専制主義と板垣らの自由権派の間に立っていた。西南戦争の最中に死去した。

（著）木戸孝允日記3巻。1929～1931　木戸孝允文集8巻。1932～1933「日本史籍協会」

（参）伝記、編纂所編、松菊木戸公伝全2巻1927

【木戸孝允と対州藩との関係】

（1）長州藩と対州藩の勤王同盟

1862年、9月27日[対州藩・先々代藩主・義章の未亡人（長州毛利侯2女）]邸で、8月28日[長州藩]邸で会見し、同盟の一致を見る。この会議の末席に桂小五郎が在席していた。

（2）1863年11月、長州藩志士、桂小五郎を佐賀へ遣わし、8月18日の政変（長州藩に御所警固罷免の詔が発せられる）ことは、長州藩は無実であることを訴え、帰途肥前田代で平田大江と会見し「対馬侯、自ら京都に赴き、長州藩のため、雪冤の労をお願いすると。」

（3）1863年【8月18日】の政変により、1864年3月頃、

長州藩有志、桂小五郎妻女と共に大坂対州藩に潜み居る。

（4）1864 年 4 月、対州藩に潜み居る桂小五郎に長州より、密書が届き、その内容は、対州藩士早川澤之助が、勝井五八郎の国家の方針を妨げること、平田大江父子は不当の役人である。警戒すべきと語っている。桂はこのことを不審に思い、対州藩重役邸に在る者に問う。これが五八郎の知るところとなる。

（5）[池田屋事件]1864 年 6 月 5 日、桂小五郎も、この会合へ参加するため、池田屋え赴いたが、到着が早すぎたので、一旦池田屋を出て、京都対州藩で大島友之允（対州藩士）と談話していたため難を逃れた。

（6）1866 年 1 月 15 日、病床にある高杉晋作の意を受け、対州・脱藩志士多田荘蔵等は、佐野金十郎、小宮延太郎を使者とし、薩長連合の説明を西郷に謀するため鹿児島へ赴く。28 日鹿児島に着き、2 月 5 日大久保市蔵（利通）に随行して、2 月 10 日大坂につき、京都に上り、薩州邸で西郷に接見、3 月 20 日大坂薩州邸で黒田了介（清隆）と会い時局を談ずる。黒田、船を準備し 27 日馬関（下関）に着す。延太郎馳せて山口の木戸寛治（孝允）に面して、黒田の馬関（下関）の船中に在る事を告げる。木戸大いに喜んで直ちに馬を馳せて馬関（下関）に至り、黒田と語り連合の議、大いに進むに至る。

※ 1866 年 1 月 21 日、坂本竜馬の斡旋により西郷隆盛・大久保利通らと薩長連合の密約を結び、倒幕勢力の結集をはかる。一般の定説となっているが。正確には 1866 年京都小松帯刀の別邸で、長州藩木戸孝允と薩摩藩の西郷、小松と仲介の竜馬の 4 人が密会し、薩長経済軍事同盟が結ばれた。

この会合には大久保参加していないこと。薩長倒幕連合 3 月 27 日後になる。

2. 三条実美〈1837～1891（天保8～明治24)〉
幕末・明治前期の政治家

三条　実美

（系）三条実方の4男、母は土佐藩主・山内豊策の3女。妻は前右大臣鷹司輔熙の9女治子（生）京都。

父が安政の大獄により落飾して失意のうちに没したのち、志をついで尊王攘夷運動の先頭にたつ。1863（文久3）朝廷に新設された国事掛に就任したが、同年8月18日の政変で京都を追われ、（七卿落ち）の1人として長州へ逃れた。その後、第一次長州征討による長州処分の一環として大宰府に移され、3年の幽居生活を送った。1868（明治1）年、王政復古とともに官位復旧、上洛して議定となり、ついで副総裁兼外国事務総督・関東監察使を歴任、1869年右大臣に就任して永世録5千石を受領、1871年廃藩置県後に太政大臣兼神祇伯・宣教長官となり、1878年賞勲局総裁をも兼任した。その間明治政府の中心として国家建設に尽力、1884年華族令制定とともに公爵、1885年内閣制度創設とともに太政大臣も辞して宮中に入り、内大臣として常時輔弼の任にあたった。

1889年条約改正問題をめぐる大隈重信外相の襲撃事件で黒田清隆内閣が総辞職すると、つぎの山県有朋内閣が成立するまでの内大臣のまま一時首相を兼任した。葬儀は国葬。

（参）宮内省図書寮編[三条実美公年譜]1901、東久世通禧詞・田中有美絵[三条実美公履歴]1907.

第2部　維新の足音

【三条実美公と対州藩との関係】

（1）1864年2月22日、三条公使者・真木菊四郎（和泉守）ら、長州侯使者・佐久間兵衛等、対長同盟による時務並に攘夷防備の視察のため。

（2）《三条公等の守衛》1864年3月対州藩士9人を周防山口に滞留する慈芳院夫人守衛として同地に遣わす、しかし実は同地湯田に客居の三条公以下護衛の為である。4月には田代より7人行、加わる。

（3）《長州藩使者再び来る》1864年5月9日、長州侯使者、府中（厳原）に来て曰く。澤三位卿ら、兵を挙げ敗れて播磨（兵庫県）に身を隠す。このため幕府追跡は厳しく、7卿も危機を感じ、貴藩に面倒をかけるが、難を朝鮮に避けんとする。宜しく準備をお願いする。

（4）《三条公の守衛対州藩士等、京都に戦う》1864年7月19日、禁門の変に三条公の守衛の対州藩士・小宮延太郎等14人は忠勇隊に編入され、隊将・久坂義助（玄瑞）、真木和泉、寺島三郎の部下となり戦う。対州藩士・青木興三郎、津田愛之助二名戦死する。

12名の対州藩士は長州に帰り、三条公守衛の任務に服す。

（5）《三条公、其他、諸藩の使者、続々至る》1865年、対州藩の佐幕化に歯止を掛ける為に、勤王諸藩が続々と来藩する。その来藩者は、三条公使者2回、長州侯使者6回、筑前侯使者2回、薩州侯使者2回、松浦肥前守使者、大村丹後守使者、毛利讃岐守等である。

・1865年4月2日、幡島弾正外2名、回天隊・斑鳩武（北畠四郎、後治房）等17名、5月3日回天隊4名。

3．久坂玄瑞〈1840～1864（天保11～元治1）〉幕末期の志士。

久坂　玄瑞

（系）長州藩医、久坂良迪の子。
（名）通武、のち義助、初名誠、字は実甫、号を江月斎、玄瑞は通称。
　吉田松陰の松下村塾に学び秀才の名が高かった。松陰の妹を妻として過激な尊王攘夷論を唱える。1862（文久2）脱藩上洛して公武合体派に反対して行動し、薩摩藩士・有馬新七らと京都所司代襲撃を計画したが、寺田屋事件で有馬らが斬られ、計画は挫折。同年12月には、高杉晋作らとともに、江戸品川御殿山の英国公使館焼打ちを決行。1863年上洛して攘夷親政の朝議決定を推進し、帰藩して攘夷決行の準備をすすめ下関の外国船砲撃事件に活躍。同年8月18日の政変によって長州藩は京都から追われる。1864年（元治1）池田屋事件で同志が多く斬られたのに憤激し、真木保臣（和泉）らと長州兵をひきいて上洛して禁門の変をおこし、御所付近で激戦中負傷、鷹司邸で自刃した。
　（墓）萩市の保福寺。（著）「江戸斎日乗」[維新日乗編集]1935。（参）武田勘治「久坂玄瑞」1944。
【久坂玄瑞と対州藩との関係】
　(1)禁門の変での対州藩・小宮延太郎14名は、隊将久坂義助（玄瑞）、真木和泉、寺島三郎の部下で、益田・(真木、久坂ら)は鷹司邸を目指した。
　対州藩士・青木與三郎、津田愛之助の2名は内外の乱戦で戦死する。隊将久坂は銃弾で足を貫き、久坂玄瑞、来島又兵衛、入江九市、寺島三郎は御所内で自刃する。

4. 真木保臣〈1813〜1664（文化10〜元治1）〉幕末期の志士。

真木　保臣

（系）筑後国久留米水天宮祠真木旋臣の子。（名）幼名湊、通称和泉、和泉守、号を紫灘、変名浜太郎。

久留米藩校明善堂に学び、1844（弘化1）江戸に出てのち、水戸で会沢正志斎らと交わり尊王攘夷を唱える。帰藩後、藩政改革意見を藩主に建白、藩執政有馬監物らを排斥しょうとしたが、敗れて蟄居を命じられた。実弟大鳥居理兵衛の家に幽囚中、「大夢記」「美挙和文」「美挙三策」などを著わし、尊王攘夷派の実践に理論的根拠を与え、平野國臣らと九州志士の結集につとめた。1862（文久2）3月脱藩。島津久光に上洛を促し、久光の上洛後は京都を中心に尊攘運動を展開したが、（寺田屋の変）で捕えられ再び久留米藩に幽閉の身となる。

1863年、赦されて上洛し、尊攘派の中心人物として活動。1863年6月学習院に出仕したが、(8月18日の政変)で7卿に従って三田尻に下る。この後は長州藩尊攘派、来島又兵衛・久坂玄瑞らと行動し、1864（元治1）6月、長州藩兵とともに上京して長州藩主毛利氏父子の冤罪などを強訴し、7月（禁門の変）をおこす、敗れて山崎天王山において同志16人とともに自刃した。（52歳）

1891（明治24）贈正四位。（参）顕彰会編「真木和泉守遺文」1913。小川常人「真木和泉の研究」1970。山口宗之「真木和泉」1973。

【真木保臣と対州藩との関係】

（1）1864年2月22日、三条公使者として、真木菊四郎（和泉守）が、対州藩に来る。この来藩は対長同盟による時務の確認、並び

に、攘夷防備の視察である。真木等は前藩主義和の引見、対面する。視察では、[尾崎浦（対馬の天然の良港）、芋崎（ロシアが修理場を建て、開いた所）、城山 [667年（天智天皇6年）対馬金田城を築く。] を見、3月5日使命に対する答を得て帰る。

（2）1864年7月19日、禁門の変に対州藩14人は、隊将 [久坂義助（玄瑞）、真木和泉、寺島忠三郎] の部下として戦う。対州藩士2人戦死し、真木も負傷する。真木及び品川弥次郎ら奮闘して、血路を開き辛うじて日暮に至り、山崎宿の長州藩本営に帰る。是に於いて対州藩士、小宮等12士、天山寶寺に於て真木等に面接して事を議す。真木曰く。余負傷既に死を決す。一死以て国恩に報ぜん悲痛の言を遺し、天王山にて自刃する。（7月20日）

5. 北畠治房〈1833～1912（天保4～大正10）〉
幕末・維新期の志士。明治時代の司法官。

北畠　治房

（系）北畠末重の次男。（名）別名平岡鳩平。

法隆寺の寺侍、早くから四方へ遊学し、伴林光平・乾十郎らと交わり尊王攘夷運動に従事する。1863（文永3）京都に出て攘夷挙兵のことをはかり、中山忠光を擁する天誅組の大和挙兵に参加、1864年筑波山挙兵にも参加する。維新後、大隈重信・五大友厚らと交わり、その推挙によって横浜開港場裁判官になる。1881年（明治14年）の政変により辞職し、改進党に参加。のち1891年大阪控訴院長になる。1896年、男爵従二位に叙された。

（著）野史台編「北畠四位奉答命書」「維新史料」1862～

1867、1890。

【北畠治房と対州藩の関係】

(1) 1865年4月2日、三条実美公の命を受け、対州藩の治安回復のため班鳩武（北畠四郎、後治房）等、回天隊17人を率いて来藩する。回天隊は永く滞在し、藩の行動を監視する態度を取る。

6. 野村靖〈1842~1909（天保13~明治42)〉

幕末・明治期の志士・政治家。

野村　靖

（系）長州藩士野村嘉伝次の子、入江杉蔵の弟。（名）通称和作のち靖之助号を欲庵・香夢庵主。

　1857（安政4）吉田松陰門下に入り、のち尊攘運動に挺身、1862（文久2）御殿山英館焼打ち加わる。禁門の変ののち御楯隊を率いて藩の内戦、幕長戦争に参加。維新後、1871（明治4）宮内権大丞、外務大書記となり、岩倉具視に随行して欧米にわたる。帰国後、神奈川県令、駅逓総監、進信次官をへて、1891駐仏公使などを務めた。1894第2次伊藤内閣の内相、1896第2次松方内閣の逓相に就任。1900枢密顧問官。

【野村靖と対州藩との関係】

　対州藩は勤王派が大勢を占めていたが、禁門の変以後、佐幕派が台頭し、勤王派への暴殺を止めるため、長州侯は使者6回（31人）を派遣。野村靖は1865年（3月19日・6月8日）2回派遣される。

7. **尾崎惣左衛門**〈1812~1865（文化9～慶応1）〉幕末期の志士。（名）朝秀。福岡藩士。若くして藩の要務につき、藩校の教授を兼任した。国典に通じ文久の初めから国論一致を唱え、薩長の連合を企図。

1865（慶応1）対馬藩内の紛争解決の斡旋にのり出し成功して帰藩。しかし藩論が変化して佐幕派の圧迫をうけ、同年10月23日万代常徳らとともに福岡正香寺において自刃を命ぜられた。1902（明治35）贈従4位。

【尾崎惣左衛門と対州藩との関係】
対州藩の紛争解決のため、筑前侯の使者2回（23人）を派遣。尾崎惣左衛門は1865年（3月27日・6月23日）2回派遣される。

8. **大久保利通**〈1830～1878（天保1～明治11）〉
幕末・明治前期の指導的政治家。

大久保　利通

（系）薩摩藩御小姓組大久保治右衛門（150石）の子。（生）鹿児島。（名）利済、通称正助、のち一蔵、号を甲東。

1846（弘化3）薩摩藩の記録所書助役として出仕。藩主島津斉彬が藩政改革の運動を起し、藩内小壮藩士の間に政治運動が高まると、同輩の西郷隆盛らと、これに参加、精忠組を結成し、革新派の中心となる。斉彬の死後、藩主忠義の子久光のもとで、藩を挙げて公武合体運動を進めた。薩英戦争、下関砲撃事件、幕府の長州征伐、藩内保守派の台頭などから討幕の必要を痛感し、京都に出て公家の間を奔走し、岩倉具視と接近、1866（慶応2）に長州藩の木戸孝允と結び薩長連

合を成立させ、討幕派の中心人物となる。以後倒幕密勅の降下、王政復古などの指導的役割を果す。1869（明治2）参議となり、木戸らと版籍奉還を実現させ、さらに1871年、廃藩置県を成功させる。同年大蔵卿となり地租改正の建議を行い、また、岩倉遣外使節団の副使として欧米を派遊し、1873年、帰国。征韓論に反対の立場をとり、征韓派退陣後は内務卿となり、政府内に隠然たる勢力をもつ。地租改革・殖産興業などによる資本主義育成政策を推進し、内政の確立をはかる。1874年佐賀の乱を処理、また台湾処分の建議し、その処理のため中国（清）へ渡る。1875年、台湾出兵に反対して下野した木戸をむかえ、かれの意見を入れて政府体制の改革を行う。1877年西南戦争による明治政府最大の危機を乗り越え、翌年4月地方官会議を開き、郡区町村編成法、府県会規制、地方税規則の三新法の制定をはかったが、5月石川県士族・島田一良により東京紀尾坂で暗殺された。

　（著）大久保利通日記全2巻、1927「大久保利通文書」全10巻、1927〜1929。

　（参）勝田孫弥・大久保利通伝全3巻、1910〜1911。

【大久保利通と対州脱藩士との関係】

　（1）1866年1月15日、高杉晋作の意を受けた対州脱藩志士・多田荘蔵らは、佐野金十郎、小宮延太郎を使者として、薩長連合の必要を西郷隆盛に説明するため派遣された。28日鹿児島に着き、西郷に面会を求めたが、西郷京都へ出ていて不在であった。

　そこで、大久保利通に面接し、長州藩の近状、高杉を以って藩論一定の始終を語り、薩長連合の必要性を説く。大久保其意の在る所を嘉しみ、近日上京するからと、両士、同伴すべしこと。2月5日薩摩軍艦三邦丸で鹿児島を発って2月10日に大坂に着し、直ちに佐野、小宮両士、京都に上り西郷に接見する。

9. 西郷隆盛〈1827〜1877（文政10〜明治10）〉

幕末・維新期の政治家。

西郷　隆盛

（系）薩摩藩士西郷吉衛の長男。（生）薩摩国鹿児島城下の下加治屋町。（名）幼名小吉、やや長じて吉之介、通称吉兵衛・吉之助、諱は隆永、維新後隆盛、雅号を南州、変名大島三右衛門・菊池源吾。

藩校造士館に学び、1844（弘化1）郡方書役助、のち書役となり、10年間農政を指導し、改革の必要性を痛感した。1854（安政1）江戸で藩主島津斉彬の知遇をうけ、御庭方役として国事に奔走、1858年の安政の大獄と斉彬の病没に絶望し、僧月照と投身自殺をはかったが西郷のみ蘇生、1859年奄美大島に流された。1862（文久2）許されて上洛したが、島津久光の怒りにふれ、沖永良部島へ流罪となる。1864（元治1）許されて上洛後、薩摩藩軍賦役に辞任し、大久保利通らと結んで禁門の変・第1次長州戦争には幕府側の指導者として活躍したが、その後藩論を公武合体から勤王討幕へ転換させ、1866（慶応2）薩摩の代表として長州木戸孝允との間に薩長連合盟約を結ぶとともに、藩政改革・軍備拡充・英国接近など討幕の準備をすすめた。1868（明治1）王政復古のクーデターに成功、戊辰戦争には東征大総督の下に参謀として全軍を指揮した。革命的民衆への警戒と英国の圧力により将軍徳川慶喜の助命と徳川存続を条件に妥協、江戸城無血開城に成功したが、その後突然帰藩、1869年参政となって藩政改革を推進、軍備拡充を中心に下級藩士中心の軍事独裁体制を築きあげた。1870年、政府の招請により上京、1871年参議となり廃藩置県に協力したが、

1873 年征韓論を主張し大久保らと対立して下野、帰郷した。

《敬天愛人》を信条とし、人望あっく個人的には野心をもたなかったが、不平士族に擁され、1877 年、西南戦争をおこして敗れ、自刃した。そのため逆賊とされたが 1889 年罪を許され、正三位を追贈された。

（著）{「西郷隆盛文書」全 1 巻、[日本史籍協会叢書 1923]}、大西郷全集刊行会編「大西郷全集」全 3 巻 1926 〜 1927、「西郷隆盛全集」全 6 巻 1970 〜 1980。

（参）勝田孫弥「西郷隆盛伝」全 5 巻 1894 〜 1895、 田中惣五郎「西郷隆盛」1958。

圭室諦成「西郷隆盛」1960、井上靖「西郷隆盛」上下 1970。

【西郷隆盛と対州脱藩志士との関係】

（1）佐野金十郎、小宮延太郎は京都薩摩邸で西郷に接見して、長州藩の情状を具し薩長連合の大計を説く。西郷曰く、諸君の議論感ずるに余りあり、我藩に於いても和解論者多く、既に頃日、長州藩・品川弥二郎なる士、ひそかに来りて当邸に在り、不日必ず諸君の満足を得るに至らん。諸君宜しく、暫時、当藩邸に滞在し、京摂の形勢をも視察されたし。1866 年 11 月 3 日、西郷吉之助より多田荘蔵に宛てた書簡では、両人の親しい様子が伺われる。

《参照》149 頁 [鹿児島藩と長州藩の対立]

　　　　150 頁 [我藩に和解論者多く]

10. 桐野利秋 〈1837〜1877（天保9〜明治10）〉

幕末・維新期の志士・軍人。

桐野　利秋

（系）薩摩藩士、中村与右衛門兼秋の子。（名）初め中村半次郎と称し、戊辰戦争後、桐野と改姓。通称晋作。

1862（文久2）藩主島津久光の上洛に際し、従士として上洛。その後各藩の志士に交わり、勇猛の名をあげた。西郷隆盛の知遇を得て、ひそかに長州の内情を探るなど奔走し、戊辰戦争には多くの首級をあげて勇名を知られ、ついで東海道に先鋒として江戸に入城。会津若松城の受け取りの任にあたった。1869（明治2）鹿児島常備兵大隊長となり、1871年、陸軍小将となる。北海道を巡視し屯田の制を立てて全道を開拓することを建言した。西南戦争には、事実上の副総帥として奮戦し、西郷に殉じて戦死した。1916（大正5）贈正5位。

（参）川崎久敏「憂国の至情・桐野利秋遺稿」1034。

【中村半二郎（後、桐野利秋）と対州脱藩士との関係】

佐野金十郎、小宮延太郎、京都薩摩邸に留まること約四十日、3月29日、京都を発して大坂に下る。中村半二郎等、別れを惜しみて伏見まで送り、胸襟を披いて勤王の事を論ず。

11. 黒田清隆〈1840〜1900（天保11〜明治33)〉
明治時代の政治家

黒田　清隆

（系）薩摩（鹿児島県）藩士・黒田清行の長男。（名）旧名了介、号を羽皋。

1863（文久3）薩英戦争に参加、のち討幕運動に加わり、薩長連合に尽力、戊辰戦争では五稜郭攻撃に功をあげる。維新後、1869（明治2）外務権大丞、兵部大丞をへて、1870年、開拓次官。1875年、長官となり、北海道開拓の基礎をつくった。同年江華島事件が起きると全権大使として、朝鮮に赴き、軍事力を背景に1876年朝修好条規を締結。1877年、西南戦争に征討参軍として活躍。1881年開拓使官有物払下げ事件で世論の攻撃をうけ、翌年開拓使廃止により内閣顧問となった。1884年伯爵。1887年第一次伊藤内閣の総辞職後、首相となった。在任中帝国憲法が発布されると（超然主義）の宣言を発し、また、条約改正問題の解決に努めた。しかし、条約改正の失敗により1889年辞任し、枢密顧問官とる。1892年第二次伊藤内閣の逓相、1895年、枢密院議長となった。

（著）「環遊日記」全3巻1887、（参）井黒弥太郎「黒田清隆」1987。

【黒田了介（清隆）と対州脱藩士との関係】

（1）3月19日、京都薩摩邸を発した佐野金十郎、小宮延太郎らは、3月20日に大阪に下り、薩摩志士・黒田了介（清隆）に遇い、時局を談ずる。黒田曰く、同行して長州に至らんと。すなはち、共に出船の用意し、薩摩用船なりとて川口を発し、27日に馬関（下

137

関)に着く。小宮延太郎、馳せて山口に抵(いた)り木戸寛治(孝允)に面会して、黒田の馬関の船中に在る事を告ぐ、木戸、大に喜んで直に馬を馳せて馬関に至り、黒田と語り連合の議、大に進むに至る。

12. 品川弥二郎〈1843～1900（天保14～明治33）〉
幕末・明治の政治家

品川　弥二郎

（系）長州藩士品川弥市右衛門の子。
（生）長門（山口県）

14歳のとき、吉田松陰の松下村塾に入門。尊王攘夷運動に挺身し、長州藩倒幕派の一人として活躍した。1868（明治1）戊辰戦争には奥羽鎮撫総督参謀として従軍 1870年普仏戦争視察のため渡欧、1873年、外務省書記官としてドイツに駐在した。1876年帰国。1877年内務大書記官、1880年内務小輔、1882年、農商務大輔、1884年子爵、1885年、特命全権公使としてドイツ駐在、1887年帰国して宮中顧問官、1888年枢密顧問官となった。1891年松方正義、内閣の内相に就任、1892年、第二回総選挙には猛烈な選挙干渉をおこない、責任を負って辞任した。同年西郷従道、佐々木友房らと国権主義的な国民協会を結成して副会頭となったが、その後、党勢は意のごとくならず、1899年帝国党への改組を機に京都に隠遁した。　（参）'村田峯次郎'品川子爵伝1910、'奥谷松治'品川弥二郎伝1940。

【品川弥二郎と対州藩士との関係】

（1）1864年7月19日、禁門の変で敗れ撤退した、真木及び

品川弥二郎、奮闘して山崎宿の長州本営に帰る。対州藩士・小宮延太郎ら12士は真木等に面接して事を議す。

（2）1866年2月11日、対州脱藩士、小宮延二郎、佐野金十郎ら京都薩摩邸で西郷に接見したとき、西郷より品川弥二郎、密かに来て当邸に在ると告げられる。佐野・小宮と品川との面談の記録なし。

13. 寺島忠三郎〈1843〜1864（天保14〜元治1）〉
幕末期の志士。

寺島　忠三郎

（系）長州藩士。（名）昌昭、字子大、号を刀山・斃不休斉、別名牛敷春三郎、中島三郎、児島百之助。

1858（安政5）吉田松陰を敬慕し、その門下に入り、松下村塾で学ぶ。安政大獄にあい、松陰が獄に入ると奔走して、減刑を図る。1862（文久2）脱藩、以後尊攘運動に身を投じて活躍。

1863年久坂玄瑞・轟武兵衛らと共に攘夷の期を定めよとの上書を提出。

1864（元治1）禁門の変の時、鷹司邸で自刃した。1911（明治44）贈従四位。

【寺島忠三郎と対州藩士との関係】

（1）1864年7月19日、禁門の変で小宮延太郎ら14人、真木和泉、寺島忠三郎の部下として戦い、対州藩士・津田愛之助、青木興三郎2名が戦死する。

14. 入江九一〈1838～1864（天保9～元治1）〉
幕末期の志士。

入江　九一

（名）弘毅、字は子遠、のち河島小太郎。

長州藩士として吉田松陰の腹心となって行動、1859（安政6）獄にある松陰の救助をはかり奔走中に捕えられる。1863（文久3）主命により松山松介らと京都で活動、ついで高杉晋作と奇兵隊創設に努力する。1864（元治1）7月、禁門の変に際し、久坂玄瑞、寺島忠三郎らと山崎天王山に屯し、その参謀となったが、19日鷹司邸で飛弾にあたって負傷し、自刃した。1891（明治24）贈正四位。

【入江九市（九一）と対州藩士との関係】

（1）1864年7月19日、禁門の変で、久坂玄瑞、入江九市ら銃弾に当たり負傷する。

久坂、入江、寺島忠三郎ら諸将は鷹司邸で自刃する。前述の通り、山崎天王山に駐屯して、その参謀となる。（益田、福原、国司隊の其議を、対藩・多田荘蔵ら各隊に伝える。）

9. 薩長連合・対州藩士の役割

　薩長連合に関った、多田荘蔵、佐野金十郎、小宮延太郎について、その人物像と薩摩藩と長州藩の関係について述べる。

　《多田荘蔵》は、対州藩の上級藩士に属し、雨森芳州・学統（四）に学び剣士であり、錚々たる人物である。1862 年 9 月 27・28 日、東京で対州藩と長州藩の正式の会見で対長同盟（尊王同盟）が成立した。この会議の出席者に多田荘蔵と長州藩士・桂小五郎が同席している。1863 年 5 月、京都で対州藩の会議（時局に対する藩議）平田大江、多田荘蔵等が参加している。

　1863 年 8 月 18 日の政変で長州藩の御門警固を罷免し、公武合体派は長州藩主、毛利敬親、定広親子の処罰等を決議した。幕府は長州征討の密命を譜代の諸藩に伝え兵を起こさんとする。尊攘の諸藩これを不可とし、対州藩士等が会主となり、尾張・水戸・備前・因旛・筑前等、14 藩 40 余士が会合する。この会議で長州藩の雪冤を求めることで一致した。対州藩士の出席者は、平田大江、多田荘蔵等であった。

　1864 年 7 月 19 日、禁門の変で、八幡（益田右衛門隊）、淀（福原越後隊）、天王山（国司信濃隊）、この地に在る。其間を多田荘蔵、青木晟次郎等は、馳駆して其議を各隊に伝える。

　1865 年、平田大江、尽義隊を編成し、佐幕派の廃絶のため多田荘蔵、以下 60 余人を以って 5 月初めに船で対馬にかえる。多田荘蔵は勘定奉行に命じられるが、まもなく荘蔵、大江は差控を命じられる。大江 11 月 11 日上意打ちで斬殺され、その日に多田荘蔵、小宮延太郎等、脱藩して長州に走り下関の奇兵隊に入る。

(1)［多田荘蔵］1829 〜 1883（文正 12 〜明治 16 年 8 月 20 日）
（系）対州藩士（対州藩世臣）（生）対馬国府中（名）弘済（称）

荘蔵（変）指宿伊作・橘爲一郎弘化2年初めて出仕し、文化1年江戸に祗役、たまたま露艦対馬に来り、村民を銃殺した時、相良正樹らと江戸に在り、書を幕府に送り攘夷を質した後、桂小五郎（木戸孝允）と攘夷につき懇談し、翌2年対馬・長州二藩の世子会見に奔走尽力した。のち平田大江に同行して帰国、慶応1年11月大江殺されてのち長州に逃れ報国隊に入隊。のち京都に寓居、ついで大坂留守居役となった。維新後・神祗官少吏、また大和三輪大神社・小宮司等を経て、壱岐住吉神社・宮司となった。宮司奉職中発病し、直ちに職を辞て対馬に帰り、明治16年対馬鹿見村で病没。年55才。

西郷南州翁（吉之助）より荘蔵に送りたる書簡の全文下記の如し。

昨朝大阪表開聞丸出帆之有無相糺申候處別紙通申来候全体先生御乗組被成候趣も申遺處三五日は滞船いたし居候向に御座候間御都合宜敷御座候は一兩兩三日中より御下阪被成候方御宜○有御座候間敷と奉存候此より○々奉得御意頓首

〔訳：昨日朝、大坂から開聞丸の出帆の有無を糺したところ、別紙のとおり申し送ってきた。元々先生は乗り組みになっておられるようで、確認したところ三五日は船中に居る予定である。ご都合がよいのは、両両三日中より大坂で下船されるので、よろしくお願いする。此より○々御意を得奉る。頓首〕

十一月三日（丙寅）…1866年

　橘爲一郎（荘蔵変名）　　　　　　　　　　西郷吉之助

(2)〔佐野金十郎〕佐野は平田大江の尽義隊に参謀として参加、大江が11月11日斬殺されると、多田荘蔵等と脱藩し長州の騎兵隊に入る。佐野金十郎は、対州藩の下級武士であるが、勤王主義

の論客として文事にすぐれ、多田荘蔵の命を受け、薩長連合の必要性を説明するため、小宮延太良とともに大役を任され薩摩に赴く。1870（明治3）年9月、岩崎弥太郎が土佐開成商社を設立する。

1872（明治5）年8月18日、政府は、対馬宗氏一任の朝鮮外交を接収し、釜山の倭館に外務省職員を駐在させた。その後、対州（旧対州藩）は、朝鮮貿易を再検討し、その資金の調達に佐野金十郎を必要とした。岩崎弥太郎日記に「21日から翌月29日までの間の10日間」佐野金十郎と談合していることが記載されている。

（29日内容は、対州が朝鮮交易の取組みを決す。佐野金十郎来、約條書を請取、金壱万参千両相渡、残壱万七千両は、甲府懸船代（大阪丸売却金）の受取、当月中に付、右金を以て相渡筈。）

(3)［小宮延太郎］対州藩の下級武士であるが、勤王の志士としての行動は活発で、剛の者の名に馳せ、鉄砲を担いで馬関海峡を泳いで渡ったとの逸話を伝える。

1864年3月、周防山口に滞留する慈芳院夫人の守衛として小宮延太郎等9人、同地に遣わされるが、実は同地湯田に客居の三条公以下の護衛の為であり、4月には田代より7人が加わり16人となる。

1864年7月19日、禁門の変で、三条公の護衛に遣わされた小宮延太郎等14人も忠勇隊に編入され、隊将久坂義助（玄瑞）、真木和泉、寺島忠三郎の部下に在り、この戦いで対州藩士青木興三郎、津田愛之助が戦死する。対州藩・小官延太郎等12士、天王山寶寺に於いて、真木等に面接して事を議す。真木等は自刃し、小宮等は長州に帰り三条公等の守衛の任務に服する。1865年、平田大江の尽義隊を編成し、佐幕派を廃絶するため、多田荘蔵、小宮延太郎等65人を以って5月初め船で対馬に帰る。11月11

日大江上意打で斬殺され、その日に多田荘蔵、小宮延太郎等、脱藩して長州馬関の奇兵隊に入る。

「小宮延大郎の履歴書」…最後は次のように記されている。

福岡県福岡市博多上金町九番地寄留

旧対州藩

小宮貫二

明治二十六年一月二十八日

10. 薩摩藩（公武合体派）と長州藩（尊王攘夷急進派）の対立

　1863年5月20日、尊王攘夷派の公卿"姉小路公知"が暴漢に斬りつけられ薩摩藩士"田中新兵衛"が嫌疑を受け、薩摩藩は御所乾御門の警固を解かれ御所への出入も禁止された。

　6月中旬、久留米藩の真木和泉と長州藩の桂小五郎（木戸孝允）らが会合し、攘夷親征についての計画を立て、8月13日には攘夷祈願を目的とした孝明天皇の神武陵、春日大社への行幸を決定した。こうした攘夷派の動きに危機感を抱いた会津藩と薩摩藩を中心とした公武合体派は中川宮朝彦親王を擁して朝廷における急進的尊王攘夷派の一掃を計画。中川宮が天皇を説得し、8月17日には天皇から長州グループ排除の密命が下った。

　8月18日、三条公ら急進派公家に対し、禁足と他人面会の禁止を命じ、長州藩主毛利敬親・定広親子の処罰を決議した。長州藩は御門の警備を免ぜられ、8月19日長州兵千余人は失脚した。三条公ら公家7人とともに長州へ下った。

　1864年8月20日、長州藩は京都で復権を目指、松平容保らの排除を目指して挙兵した。いわゆる禁門の変である。長州軍3,200人は6月19日京都蛤御門付近で会津・桑名兵と激突、戦

闘は当初長州に有利に展開していたが、薩摩兵が援軍にかけつけると形勢は逆転、長州藩は1日で敗北した。

8月23日には天皇より長州藩主毛利敬親の追討令が発せられ、長州は朝敵となったのである。孝明天皇はさらに朝敵長州藩追討を命じ、これを受けた幕府は尾張藩主徳川慶勝を征長総督に任命し、11月18日総攻撃に着手することを決定した。長州藩はこうした動きに対して恭順の意を表明し、11月12日には三家老が自刃、四参謀は斬首、三参謀は禁門の変で戦死したことを報告した。このため征長軍の11月18日に予定されていた総攻撃を延期。さらに、長州藩主の伏罪状、山口城の破却、および三条実美等5卿の他国移転とその従士の処置を要求した。これに対し、長州藩は11月19日、山口城を破却、藩主親子は日付旅館に参上し、謝罪し、西郷隆盛の奔走により、五卿は大宰府天満宮に入る。

【薩・長の「攘夷」の終焉】

《薩英戦争》は1862年9月14日の[生麦事件]をその発端としている。生麦事件は9月14日午後3時頃、観光のために来日していた英国人四人が騎馬で川崎方面に回り東海道「生麦村」にさしかかった時である。ちょうど、この生麦村を数百人の従士を従えた島津久光の行列が京都に向っている時、四人は従士が手真似で下馬を指図したのに、これに従わず久光の駕籠に馬に乗ってまま接近したので久光の行列の供頭当番の奈良原喜左衛門は「無礼者」と先頭のリュヤードソンを斬り、供頭非番の海江田信義がとどめを刺した。喜左衛門のと弟奈良原喜八郎等従士の面々も抜刀し他の男2人に斬りつけ、四人のうち唯一の女性ボロデールは馬を走らせ難を逃れた。

1862年12月24日、イギリス側は幕府に対して①謝罪状、

②10 万ポンドの賠償金、③一万ポンドの第二東禅寺事件（イギリス公使館焼打ち事件）に対する賠償金を 4 月 20 日までの回答を要求した。さらに薩摩藩に対して①生麦事件の犯人の英国海軍軍人の前での処刑②四人の被害者への 2 万 5,000 ポンドの賠償金を要求し、③薩摩藩がこれを拒否するか遅延させる時は、海軍提督が最良と判断する強制手段をとると伝える。

　幕府は外国奉行・菊池隆吉は横浜でニールと会議し、5 月 3 日より 7 回分割で賠償金の交付を約したが、慶喜から国策である攘夷を実行するため支払いの中止を 5 月 2 日通告、ニール撃怒し戦闘態勢に入ったが、小笠原の独断という形式をとり賠償金を英国に支払った。

　しかし、薩摩藩はこれを拒否し、交渉は難航する。1863 年 6 日ニールは東インド艦隊司令官キーパー中将とともに鹿児島湾に入り交渉をするが一向に対応しない薩摩藩に業をにやし、7 月 2 日薩摩藩の蒸気船 3 隻を拿捕。折からの台風の中で薩摩とイギリスの間で、薩英戦争が開始された。

　イギリスの軍艦にはアームストロング砲などもあり、軍事力に勝るイギリス軍によって薩摩の砲台のほとんどと、集成館が破壊され、鹿児島市の一部が焼失した。

　イギリス側にも薩摩の不意打ちや台風のため多大な被害が出た。また薩摩をみくびっていた為に水、食糧、燃料などが乏しく、短期間で退去せざるをえず翌日、艦隊は鹿児島湾から撤退し横浜に戻っていった。その後、薩英の間で和平交渉が行われ、薩摩藩は賠償金 2 万 5,000 ポンドの支払いと犯人の処罰を確約した。この賠償金は幕府から借り入れ支払うが、結局薩摩藩は、この賠償金を踏み倒している。

　この戦いで、薩摩藩はイギリスの船砲の威力に驚き、攘夷の

無謀さを感じた。以後薩摩藩は本格的な洋式軍備をととのえる一方、イギリスに接近して、イギリスから軍艦を購入することも決定した。

《攘夷・下関戦争》

1863年5月10日の攘夷決行の日を期して、長州藩は外国船に対する砲撃を開始した。5月10日、下関海峡で退避していたアメリカの商船ベムローク号に、長州藩の攘夷派が軍艦庚甲丸と癸亥丸から突如砲撃する。5月23日、フランスの軍艦キンシャン号を砲撃。5月26日オランダの軍艦メデューサ号を砲撃する。このことを5月27日に久坂玄瑞が朝廷に報告している。

しかし、6月1日には米艦ワイオミング号が下関に来襲し、亀山砲台を猛攻、長州藩の庚申丸と壬戌丸両艦を撃沈した。また、6月5日にはフランス艦タンクレード号とセミラミス号の二艦が下関に来襲し、前田砲台に猛烈な砲撃を行い、250人の陸戦隊を上陸させ、正午に前田、壇ノ浦の両砲台を占領、備砲を破壊し、弾薬を海中に放棄した。

これに対し、長州藩は対岸の小倉藩の田野浦に砲台を築き、なおも下関海峡を通過する船への攻撃を続けた。こうした長州藩の攘夷実行に対し、朝廷は天皇が嘉納したと告げ、また列藩に向けて国を挙げて決戦体制をつくるよう指示したのである。

長州としては、一藩だけで攘夷を行うというつもりはなく、奉勅攘夷の体制のもとで、朝廷を中心とする日本の総意に従ったという考え方だったのである。

1864年、外国勢は幕府に攘夷政策を転換させるため、まず攘夷急進派の長州をたたくのが、適切とし、強硬手段に転じ、いわいる四国連合（英、仏、蘭、米）艦隊の下関砲撃である。四国連

147

合艦隊は 1864 年 9 月 4 日午後、長州砲台の射程距離外に錨を降ろす。長州側は井上肇と前田孫右衛門を交渉のため派遣しますが、時間切れで攻撃は開始され、英国の旗艦ユーリアラス号以下八艦、フランス三艦、オランダ四艦、アメリカは商船タキアン号という陣容である。9 月 5 日、砲撃戦が開始され、9 月 8 日には四国艦隊は長州側の 10 砲台をすべて破壊し全備砲を鹵獲した。

　9 月 8 日には講和交渉が開始され、高杉晋作正使、伊藤博文と井上肇の通訳のもとで長州は四国連合艦隊側のすべての要求を受け入れ交渉は締結する。

　長州藩は①下関海峡の自由通航を認める。②薪水食糧の給与と避難者の上陸を許可する。③砲台の新造または修理は行わないこと。④下関市街を焼却しなかった報酬および戦費を支払わされた。長州藩による、事実上の攘夷政策の放棄である。

【対州脱藩士と薩長連合の検証】
　◎－1 対州藩を脱藩した多田荘蔵らは幕府が再征長の軍を発し、長州藩は警戒を厳しくするのを見、目下四方を囲む幕府軍を防ぎ、大に天下に事を為さんとするには、薩長連合を為す以外に無いと確信し、これを薩摩の志士西郷吉之助に謀らんとする。

　□長州藩と対州藩の勤王同盟が成立し、両藩は尊皇攘夷での方向性は一致していた。しかし禁門の変以降の幕府の権限は強くなり、藩の存続を図るために、尊皇攘夷の政策変更を余儀なくされた。

　この事で各藩は佐幕派に移行するため過大な犠牲を伴い、長州藩も対州藩も、例に漏れず有能な藩士が斬殺され、藩の弱体化に繋がり、これを変える為に薩長連合の必要を説く。

　◎－2 これに至り、佐野金十郎、小宮延太郎の両人、1866 年 1 月 15 日馬関（下関）を発し、中津に渡り、薩州藩と名乗り、

間道を経て長途の苦難を嘗め、28日に鹿児島に着し西郷に面会を求める。

　□《長州藩と薩州藩の関係は、1863年「8月18日の政変」で公武合体派（薩摩藩）と尊攘派（長州藩）が対立し、これ以降より両藩は犬猿の仲となる。

　幕府が再征長の軍を発する事を知り、幕府との戦争に備えるため、長州藩は新式の武器を欲しがっていた。それを知った坂本竜馬は西郷の許可を得て、武器や弾薬を薩摩藩の名義で、イギリスから輸入し、その見返りとして長州藩は米を薩摩藩に提供するという現実的条件を提示した。1865年7月、長州藩は亀山社中を通して、イギリス人貿易商のグラバーから武器を購入した。》

　上記の状況を考慮し、高杉晋作や長州藩の意を受け、多田荘蔵らは、薩州への派遣の人選に入った。派遣される人が、万一拘束されても、長州藩や対州藩に累が及ばないこと、それは、対州脱藩士が最適で、下級藩士であるとの条件が吟味された。勿論、有能の士で、胆力があり、論理に長けた人であること。そこで「佐野金十郎、小宮延太郎」が人選された。両士は、薩摩藩と名乗り「目立たないように、怪しまれないように」に間道を経て苦労しながら鹿児島に辿り着く。

　◎－3然るに同士（西郷）は、すでに藩地（鹿児島）を出て、京に上りて在らず。是に於いて大久保市蔵（利通）に面接し、長州藩の近状、高杉を以て藩論一定せる等の始終を語りて。薩長連合の事を説きしかば、大久保、其意の在る所を嘉みし当座の慰労として藩主よりとして金40両を興へる。尚、自ら近日上京するから両士とも同伴すべしと云へる。

　両名止ること約7日、薩摩藩・軍艦三邦丸に乗じて大久保に随行、2月5日鹿児島を発し長崎廻り五昼夜を経て、2月10日

大阪に着す。

　□［西郷京に上りて在らず］西郷が藩地を出て京に在るのは、1866年1月21日、小松帯刀の別邸で、長州藩の木戸孝允（桂小五郎）と薩摩藩の西郷、小松帯刀と仲介の坂本竜馬4人で密会し、互恵的経済取引の薩長軍事同盟が結ばれた。この面談で桂、西郷は、もう一つ打ち解けていない様子と伝えられている。

　［大久保・公武合体と討幕］大久保は久光のもとで藩を挙げて公武合体運動を進めた。しかし、薩英戦争、下関砲撃事件、幕府の長州征伐で、藩内保守派が台頭するなど、討幕の必要を痛感する。また岩倉具視も公武合体を唱え、公武合体派であったが、和宮の事で、尊攘派に弾劾され官を退き、髪を落し岩倉村に蟄居した。この間に大久保らと通じ討幕を志す様になっていった。

　使者の佐野・小宮は、大久保に長州藩は高杉をもって藩論は一定され高杉の薩長討幕連合を説く。大久保は高杉（長州藩）の意向を知り、大変喜び、佐野・小宮を優遇し、藩主よりとして金40両を与える。大久保は、佐野、小宮を長州藩の使者扱いで厚遇し、京都の西郷へ面接させるため随行させ大阪に2月10日到着する。

　◎－4　1866年2月10日、直ちに京に上り薩州邸に至り、西郷に接見して長州藩の情状（ありさま）を具（つぶさに）し、薩長連合の大計を説く。《西郷曰く。諸君の議論感ずるに余りあり、我藩に於いても和解論者多く、既（すで）に、頃日（ちかごろ）長州藩、品川弥二郎なる士、窃（ひそか）に当邸に在り、不日必ず諸君の満足を得るに至らん、諸君宜しく暫時、当藩邸に滞在し、京摂の形勢をも視察せよと。大に両士の意の在る所を嘉みして優遇せり》。

　□［薩摩藩と長州藩の対立］1863年「8月18日の政変」、1864年7月19日「禁門の変」で薩摩・長州両藩の関係は最悪

の状態に陥っていて厳しい対立関係になった。

　当時、幕府の再征長に備え、存亡の危機に直面していた長州藩は、薩摩藩への過去の恨みを乗り越え、薩摩名義で大量の武器をグラバー商会から買い付ける。（1865年7月）

　一方、薩摩藩は慢性的な米不足に悩んでいて、農村が疲弊していた、その薩摩藩を助けたのである。（1865年10月3日）

　両藩は対立から互恵的な経済取引を通じて、過去の出来事についても次第に改善していくことになる。1866年1月21日、長州藩の木戸孝允（桂小五郎）と薩摩藩の西郷・小松帯刀と仲介の竜馬4人が京都で密会し、薩長軍事同盟（互恵経済同盟）が結ばれた。

　[我藩に和解論者多し] 1月21日、薩長軍事同盟後、佐野、小宮は2月11日薩摩邸で西郷と接見する。佐野、小宮は長州の意向を伝え、薩長討幕連合の必要を説く。《西郷曰く。我藩に於いても和解論者が多く、その機運は整いつつある。長州藩の品川弥二郎（尊攘討幕派）も当邸に窃み来る。諸君の説く薩長連合は、そのうちに必ず諸君の満足を得ることになる。諸君宜しく、しばらく当藩邸に滞在し、京の摂政の形勢を視察されたし。》西郷、大に両士の意の在る所を、立派であるとして優待する。

　◎－5 其間在京の薩藩士とも談論し議略を調ふを以て留まること約40日、3月19日京都を発して大阪に下る。西郷等途中警衛として2名属史を従はしむ。中村半二郎（後の桐野利秋）等、別を惜しみて伏見まで送り決別の筵を催し胸襟を披いて勤王の事を論ず。

　□京都薩摩藩に滞在する「佐野、小宮」両士、この間、在京の薩摩藩士とも談論し、議論も治まり「調べを以て留まること」約40日、3月19日京都を発して、大阪に下る。

　西郷その途中の警衛として2名の属史（地位の低い役人）を従事させる。中村半二郎等、別を惜しみて伏見まで送り、決別の

151

筵（宴）を催し、胸襟を披いて勤王の事を論ず。

◎－6[薩長連合について]翌日、3月20日、大阪に下り薩摩藩士黒田了介に遇い時局を談ず。黒田曰く。同行して長州に至らんと。乃ち共に1船を艤し薩摩用船なりとし用口を発し、27日馬関に着す。黒田は仔細ありとて船にありて上陸せず、佐野金十郎は上陸して対藩の定宿夜江町長府屋にあり、酒一樽を詰て船中の黒田に贈る。延太郎馳せて山口に抵り、木戸寛治（孝允）に面して黒田の馬関の船中に在る事を告ぐ。木戸、大いに喜んで直ちに馬を馳せて馬関に至り、黒田と語り連合の議。大いに進むに至る。

□3月20日、大阪に着き、薩摩藩士の黒田了介（清隆）に遇い、時局を談ずる。黒田曰く。「同行して長州に至らんと。」すなはち、共に1船ふなじたく（出船の用意）し、薩摩の用船として、用口を出発する。下関に3月27日に到着する。

小宮延太郎、馬を走らせ山口に至り、木戸寛治（孝允）に面会して黒田の下関の船中に在る事を告ぐ。'木戸'大いに喜んで直に馬を馳せて下関に至り、'木戸''黒田'と語り「連合の議」大いに進むに至る。

※上記の通り、'黒田''木戸'の面談から約2ヶ月後、幕府軍は大島を攻撃し、第二次幕長戦争（1866年6月7日）の戦端の火蓋が切られた。

この開戦では、薩摩は幕府の出兵要請を拒否して中立を保った。この背景には、薩長互恵経済取引の「薩長軍事同盟」や黒田と木戸の「薩長討幕連合」の面談が影響したものと考えられる。

又この戦争は、幕府が敗北し、幕府の権威は失墜し一気に討幕えと進んで行き、明治維新が実現することになる。

第2部　維新の足音

維新の夜明け

　第二回長州征伐に失敗した幕府は、その権威は全く失墜してしまった。薩摩・長州両藩は武力による倒幕を行うため着々と準備を進めていった。

　1866（慶応2）年12月25日、公武合体論者で攘夷主義者だった孝明天皇が崩御され、明治天皇（在位1867〜1912）が満十四歳で即位されたことで倒幕派に有利に働き、かって朝廷から追放されていた急進派の公卿たちの多くが朝廷に復帰した。

（新政府と対馬藩の動き）

　《新政府》1867（慶応3）年12月9日、朝廷、王政復古を宣言した。この月仏事祭事を廃止された。1868（明治1）年。新政府は、いち早く条約締結国に王政復古によって天皇を主権者とする新政権が成立したことを通告し、諸国の承認を得、国内にむかって開国和親の布告を行った。同年3月14日、五箇条の御誓文を発して新しい政治の方針を表明した。

　［五箇条の御誓文］

1. 広ク会議ヲ興シ万機公論ニ決スヘシ。
1. 上下心ヲ一ニシテ盛ニ経綸ヲ行フヘシ。
1. 官武一途庶民ニ至ル迄各其志ヲ遂ヶ人心ヲシテ倦マサラシメンコトヲ要ス。
1. 旧来ノ陋習ヲ破リ天地ノ公道ニ基クヘシ。
1. 智識ヲ世界ニ求メ大ニ皇基ヲ振起スヘシ。

※五箇条の御誓文は由利公正・福岡孝弟（ともに参与）が起草し、木戸孝允が修正を加えて完成した。

　《対馬藩》1868（明治1）年3月、藩主義達は兵を率いて東上し、

153

対馬藩士の明治維新

一行約五百人、途中長門福浦に於いて、家臣の罪ある者37人を赦免する。4月大阪行、在所（大阪対馬藩邸）に至る。乃ち八幡を守らしめらる。八月州（国）に帰る。

　※この上京の費用は、家臣の川本左衛門（千両）、大浦陸之助（七百両）、水野興助（千両）の寄付による。

　《新政府》明治元年7月17日、新政府は江戸を東京と改称し、同年9月8日に年号を明治と改め一世一元の制をたてる。10月13日、江戸城を皇居とし、東京城と改称する。

　12月19日、対馬藩家老、釜山で新政府通知書を提出。

　《対馬藩》明治元年6月28日藩主義達、思召を以って、従四位上左近衛小将に任じられる。この時、朝廷命じて王政復古の故を朝鮮に告げしむ。義達、東京より8月に帰国、同年11月大差使を釜山に送り、宗氏の書翰と共に我国書写しを朝鮮政府に送付する。然るに交書前例に違う故を以って、彼（朝鮮）拒んで受理せず、未解決のまま、のびのびになり明治5年に及ぶ。

　《新政府》外国（特に欧米）から、日本国を守るには、藩の割拠的な支配を打破し、中央集権体制を樹立し近代国家を形成しなければならない。その手始めとなったのは版籍奉還（諸藩主の領地・領民の天皇への返上）である。大久保利通と木戸孝允が中心となり、版籍奉還を計画・実行を進め、1869（明治2）年1月20日、薩摩、長州、土佐、肥前の藩主連署して版籍奉還を上奏。諸藩主も、これに見習い奉還を申し出た。

　そこで、同年6月17日に、新政府は、これを認めるとともに奉還を申し出ていない、藩主にも奉還を命じ旧来の藩主を改め知藩事に任じて、これまで通り藩政にあたらせた。これによって、形式的であるが、従来の藩主は政府の行政官史となった。

　《対馬藩》明治2年、藩主義達、朝命に依り同年2月26日出

154

発東上する。大島友之充等従う。4月8日東京に着し、4月19日土地人民版籍奉還の建言を為し、6月19日朝廷之を許す。乃ち義達を以って厳原藩知事に任ぜらる。10月13日東京を発し、12月13日帰着する。

《新政府》「廃藩置県」版籍奉還によって形式的には中央集権体制は強化されたが、実質的効果はさほどあがらなかった。そのうえ、藩相互の対立や、庶民の間に政府への不満、各地では世直しの農民一揆がおこり社会的な不安を引き起こしていた。

政府は国内の安定をはかるため、藩を廃して中央集権の実をあげようと計画し、まず薩摩、長州、土佐の3藩から御親兵として1万の兵力を東京に集めて変事にそなえ、ついで長州の木戸孝允・薩摩の西郷隆盛・土佐の板垣退助・肥前の大隈重信らの各藩の実力者を参議にすえて、政府の強化をはかり、1871（明治4）年7月、廃藩置県の詔を発して、一挙に藩を廃止し県を設置した。そして、これまでの知藩事を罷免して東京に住まわせることとし、新しい政府の官史を派遣して県知事に任命した。ここに幕藩体制は全く解体したのである。この改革にあたり。政府は十分準備し、一挙に断行したこと、諸藩は財政的に行き詰まりをみせていたこと、武士の俸禄が引続き政府から支給されたこと、などで抵抗が少なく実行された。

「廃藩置県」によって全国3府302県がおかれ、大幅な分離・統合によって同年末には3府72県となり、1888（明治21）年には3府43県となった。

《対馬藩》「廃藩置県」明治4年7月14日、知藩事・宗重正（義達）の職を免じ、7月24日民部大丞・渡部清、知事心得を命ぜられる。而して宗重正（義達）は、7月29日外務大丞に任じられる。

対馬藩士の明治維新

【対馬の廃藩置県の経過】

明治４年８月７日厳原藩を厳原県と改称。

同年９月４日伊万里県に合併。

明治５年５月29日佐賀県と改称。

同年８月17日長崎県の所管に転ず。

※廃藩置県の地図は別紙の通り。

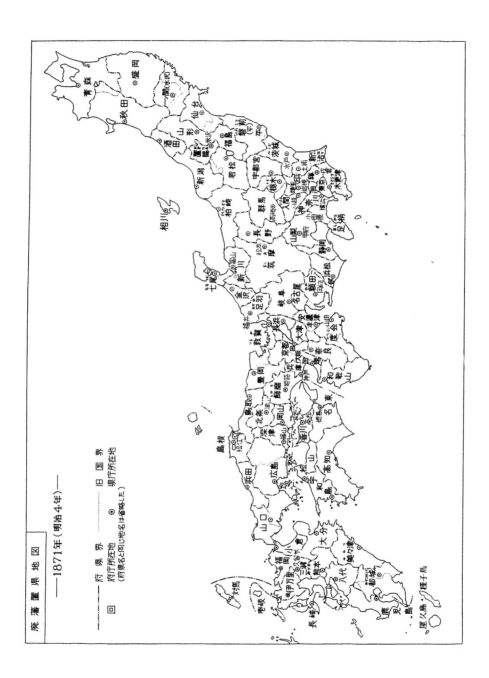

あとがき

　この本の執筆にあたり、その「切っ掛け」は、著者の先祖・桟原勇馬(藤原政恒)と勇馬の孫・桟原神五郎は対州藩士90人と共に靖国神社に合祀されて在る。

　このことから、対州藩士が尊王攘夷にどの様に関ってきたか、明治維新にどの様な影響を与えたのか、この命題の検証を進める為、維新期に生き抜いた対州藩士に光を当て、「いつ」「どこで」「誰が」「何を」「どうして」と資料に基づき作業を試みたが、先の勤王志士の粛清で優秀な人材が失われ、この時代の大きな歴史の流れの中に位置づけられるような傑出した人物は見出せ得なかった。

　他藩では、薩摩藩の西郷や大久保、長州藩の木戸や伊藤など、その人物を語ることで、有る程度、維新が見えてくるのである。しかし、対州藩では上述の通りで、この命題を検証するには、対馬の歴史事象を総合的にとらえることで、その意味を理解し、正しい歴史像を把握することに努め、人間がどのような時代に、どのような舞台で活躍したか。対馬の文献と一般的な定説となっている文献を比較検討するところから始めた。

　そこで、対馬島誌を基準にして、全国的に知られた内容からみて適当と思われるものを抜き出して、参考とした。編集上の都合で割愛することもあり、その結果、均衡のとれたものになったかは疑問で、全く汗顔の至りである。

この本も、ようやく日の目を見るまでに漕ぎつけた。文字通り駑馬に鞭打って、どうにか辿りついたという感を免れない。言うならば難産の一語につきるであろう。

　なお、この本の刊行に多くの方々の御交情の上に立っている。中でも特に一方ならぬ御世話になった福岡市（壱岐出身）の山田ツヤ子様に、この機会に心から感謝の意を表するものである。

　　平成 30 年 7 月 15 日

　　　　　　　　　　　　　　著者　桟原　冨士男

著者略歴

桟原 冨士男（さじきばら ふじお）

 1941 年 対馬市生まれ。

 立正大学文学部社会学科を卒業後、 郵政省東京中央郵便局に入局。

 退官後、日本拳法九州連盟会長

 ＮＰＯ日本安全推進協会理事長

 公益財団法人全日本拳法連盟代表理事

 その後、全ての役職を辞任する。

 現在は一般社団法人国際学術研修塾 代表理事に就任する。

 著書 『絵解 日本拳法』（櫂歌書房刊）

   『図解 日本拳法教室』（櫂歌書房刊）

   『拳書』（櫂歌書房刊）

対馬藩士の明治維新

ISBN978-4-434-24957-0 C0021

発行日 2018 年 7 月 20 日 初版 第 1 刷

著 者 桟原 冨士男

発行者 東 保 司

発 行 所

櫂 歌 書 房

〒 811-1365 福岡市南区皿山 4 丁目 14- 2
TEL 092-511-8111 FAX 092-511-6641
E-mail: e@touka.com http://www.touka.com

発売所 株式会社 星雲社